植村八潮

電子出版の構図

実体のない書物の行方

印刷学会出版部

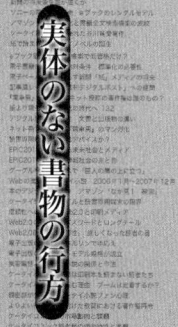

装丁＝大貫伸樹

はじめに　電子書籍ブームの中で本の未来を考える

電子書籍の話題が過熱気味である。全国紙やテレビニュースが取り上げるなど、話題も一般化している。書店には、アマゾンの電子書籍端末「Ｋｉｎｄｌｅ（キンドル）」や、アップルの携帯端末「ｉＰａｄ（アイパッド）」を取り上げた書籍や解説本が並んでいる。この現象を「電子書籍元年」、「本格的な電子出版時代の到来」とした記事や「紙の終焉」と喧伝する本も多い。

ただ、この関心の高さを指して「電子書籍ブーム」としてよいのだろうか。現状の日本では日本語の電子書籍を読める専用端末は発売されていないし、オンライン書店が書籍と電子書籍を併売していることもない。電子出版は長年の取り組みによって一定の成果が出ている分野もあるが、「電子書籍端末」に関しては話題に反して実態がともなっていない。

この状況に何か既視感を覚えるのだ。ブームによる市場の活性化を期待したいが、何も残すことのなかった過去何度かの「電子出版ブーム」を思い出さざるを得ない。むしろ、行き過ぎたブームとプロジェクトの失敗により、電子出版に取り組むことに及び腰になった社もある。電子出版に関するセミナーは数多く開催され、そのいくつかに講演者として登壇する機会を得た。出版関係者で埋まった会場の雰囲気は、21世紀初頭にあった電子出版のビジネスチャンスに対する熱気とは異なり、ある種の不安感が支配していた。

電子書籍端末は紙の本に置き換わるのか

では、日本で電子書籍端末が発売されたらどのような事態になるのか。おそらく紙の本に置き換わって、日本人が日常的に電子書籍を購入して読むことを習慣化するのは、まだ先のことだろう。習慣だから一気に変わる可能性があるが、今ではない。米国市場でのキンドルの成功がよく取り上げられるが、今後、日本語対応版が発売されたとしても米国と同じ結果にはならない。その一番の理由は、電子書籍の冊数でも値段でもなく、読書習慣の違いである。

米国と日本では本に対する愛着に彼我の差がある。平均的な米国人は、装丁、紙質、組版など、本の物理的な品質に対して日本人ほど配慮をしない。彼らにとって読書は情報消費行為に近く、バカンスに何冊もの本を持って行き、読み終われば捨てて帰ることもいとわない。日本人は本を捨てることに抵抗感があり、それが新古書店へ本を持ち込むモチベーションになっているとも言える。現状の電子書籍市場規模は日本の方が大きいが、その売れ筋には両国で明らかな傾向の違いがある。米国はコストと効率性が尊ばれる国である。読書習慣や書籍市場の特質を考慮すると、米国で電子書籍が好まれる文化的背景があるのだ。念のため付記するが、ここで「文化的」と書いたことに高級・低級、あるいは上下の価値判断は一切ない。

そもそも「文化」とは言語を基盤とするだけにドメスティックな要素が強い。世界につながっているネットですら言語による違いが大きい。日本では匿名傾向があり、巨大掲示板「2ちゃんねる」を例にあげればご理解いただけるだろう。日本の携帯電話は「ガラパゴス」と批判されるが、グローバルな端末ビジネスと文化的評価は別問題である。ケータイ小説というジャンルを生み出し、アジアから世界に影響を与えている日本のケータイ文化こそ称えられるべきである。

電子書籍もコミュニケーションメディアの一類型であるならば、国・地域ごとに発展することになるし、コンテンツにも向き不向きがある。デジタルメディア優位性は増すばかりであり、印刷メディアの相対的低下と市場の縮小は覆ることはない。だからといって、すべての出版物を直ちに電子書籍化しても等しく売れるわけではない。

日米における電子書籍市場の現状

インプレスR&Dの調査によると、08年度の日本の電子書籍市場規模は464億円であり、09年度は520億円程度と推定される。いくぶん伸びが鈍化したとはいえ、電子書籍端末が発売前であり、出版市場が09年度に2兆円割れと縮小する中で、2・5%の割合を占め、今後も成長が期待できる分野である。市場を牽引してきたのは携帯電話向けの電子書籍であり、08年度では402億円となっている。

ひと頃の勢いはなくなったとはいえ、年間3000万台を販売する携帯電話は、コンテンツ市場の巨大なプラットフォームとなっている。電車内などがモバイル環境に適し、コンテンツ購入も容易なことから、音楽、ゲームとともにコミック（マンガ）が好調である。携帯電話向け電子書籍約8万点のおよそ半分をコミックが占めている。また、ひと頃のケータイ小説ブームは、若者を中心に小さなディスプレイで文字を読むことを習慣化させたとも言えよう。

一方で、アメリカの電子書籍市場は、日本ほどには大きくない。全米出版社協会（AAP）は2010年4月7日、09年のアメリカにおける電子書籍市場を3億1300万ドル（約290億円）と発表した。電子書籍が占める割合は、まだ書籍市場全体の1%強にすぎないが、市場全体が景気減退の影響で減少する中で、前年度比で実に2・8倍と急成長をしている。特徴的なのは端末が市場を牽引したことで、文芸作品をはじめ、広範囲な分野の電子書籍が販売されていることである。中心的読者は、本好きの中高年であり、この点も日本との違いである。

日本の電子書籍市場に対し、コミック中心で文芸作品が少ないという批判があるが、当を得た指摘とは言えない。そもそも日本の出版市場の売れ筋はコミックで、販売金額は減少しているものの4187億円（コミック単行本2274億円、マンガ雑誌1913億円）である。日本の読者が電子書籍に求めるキラーコンテンツなのだ。

むしろ、文芸の電子化は、電子化されたことで新たな表現が加わることがない。地図を電子化する意義とは、ディスプレイで地図を眺めることではなく、目的地を指定すると道順を教えるナビゲーション機能にある。同様に時刻表の電子化は、乗り換え案内機能である。市場を拡大する牽引力は、印刷でできることをディスプレイで読むことにはなく、新たな機能の開発にある。

電子書籍端末の動向とコンテンツの今後

では電子書籍端末に向くコンテンツとは何か。ｉＰａｄは電子読書端末ではなく、電子書籍も読めるタブレット型ＰＣである。カラー液晶表示でゲームや動画表示に適している。書籍よりマルチメディア化したデジタル雑誌やコミックに向いている。その際、見せ方にも工夫する必要があるだろう。勢い制作コストは高くならざるを得ない。

競争相手は、出版社同士ではなく、テレビや映画スタジオなどの伝統的メディアから、ゲームやアニメ、さらにＩＴベンチャーなど多岐にわたっている。市場規模が大きく、メディア産業として発展が期待されるが、それだけに従来の事業にこだわらない戦略や投資、さらに音楽や映像、技術に長けた新しい人材が求められることになる。また、世界でもっとも英語教材が販売される日本では、音声付きの英語教材の電子化や教科書のｅラーニング化が期待される。ｉＰａｄに向くコンテンツが電子書籍市場の拡大に果たす役割は大きい。

ｉＰａｄのように液晶画面で文字を読むことは、発光画面の上で文字を見つめることになる。これに対してキンドルなどに搭載された白黒表示の電子ペーパーは、反射光の下で読んでいる。文字を読むことに限って比較すれば、電子ペーパーに分があり、慣れると液晶で読むのが苦痛になる。

このようにキンドルは徹底的に書籍を読むことにこだわって設計されている。スケジュール機能も電卓もついていない。雑誌も新聞もローコストのまま文字中心の再生である。電子読書端末での読者は、書籍の検索、購入から入手まで、短時間でシームレスな操作性を求めている。いつでも、どこでも購入し、本を読むように電子書籍が読めることが優先される。コンテンツに本との違いを求めないのだから、電子書籍化しても特別にマルチメディア化する必要はない。そこで出版社はワークフローを見直し、書籍や雑誌を作る過程で副産物として電子書籍ができるようにして、作品数を増やしていくことになるだろう。もちろんこれは当面の間、つまり電子書籍市場を立ち上げる間という留保付である。新たなメディアで市場拡大をねらうのか、ニッチであっても現状の置き換えをねらうのかは、戦略次第である。

とくにキンドルとｉＰａｄは、単純なライバルではないこともわかる。まもなく、読書端末競争の場が日本に移ってくるだろう。その際に出版社は、どちらの機種にどのようなコンテンツを提供するのか戦略が求められる。

電子出版ビジネスでは、流通販売から端末機器まで多様なプラットフォームが生まれ、大手だけでなく中小出版社にも、雑誌や書籍に応じたチャンスがやってくる。外部環境の機会と脅威がわかっているのだから、あとは自社の強みと弱みの分析である。コンテンツとノウハウを集約し、プラットフォームに合わせた戦略を明確にする必要がある。

巨大IT産業との組織的交渉

アマゾンが先行していた電子書籍販売に対して、アップルが参入したことによって、電子書籍の販売価格に変化が現れた。大手出版社をはさむアマゾンとアップル三者間の駆け引きで、読者メリットよりも出版社による利益の確保が図られたためである。電子書籍販売サイト（オンライン書店）とすれば、読者を相手にした市場競争の段階まで至ってなく、出版社からコンテンツ獲得する競争段階だったためとも言える。

もちろん、欧米の出版社がアマゾンを相手にして価格交渉できたのは、対等な規模を持ち合わせているからである。大手書籍出版社はメディアコングロマリット傘下にあり、市場シェアも高く経済力もある（もちろん弊害もあるが、ここでは別な議論である）。

一方、日本の出版界は、全体規模が小さい中で、それでも大手と呼べるのは数社しかなく、それも漫画や雑誌による収益を誇ってきたところである。4000社と言われる出版社のうちで、日常的に活動をしている書籍出版社は2000社程度だろうか。その大半が中小零細企業である。このように小資本企業でも出版を営める日本だからこそ、多様な出版物が生み出されてきたのだ。誇るべきことである。

このように中小企業が多い日本で、電子出版ビジネスを志す出版社が集まって団体交渉力を持つのは当然の戦略である。日本電子書籍出版社協会の設立には期待を寄せるものである。さらに総務省、文部科学省、経済産業省が「デジタル・ネットワーク社会における出版物の利活用の推進に関する懇談会」を設立し、経済団体と主にデジタル出版市場について検討することは追い風である。社会的な情報流通基盤に対しては、言論機関としても積極的に国の支援を検討する段階だろう。日本は、巨大資本による米国流の垂直統合モデルをまねるのではなく、小資本多数企業参加による水平分業モデルの確立を目指すべきである。

米国における電子読書端末ブームは、そのまま日本に上陸してきそうな勢いである。日本で成功するにはいくつもの留保事項があり、何点かは述べたとおりである。端末ビジネスが成功するか否かとは関係なく、出版界や出版社は、今やるべきことをやるのである。

さて、これが本書を刊行する2010年半ばにおける、日本の電子出版状況である。ここで、時計の針を12年前に戻すことにしよう。1999年、このときもまた、米国は電子書籍端末ブームの最中にあり、日本では、本格上陸を目前に控え浮き足立っていたのである。既視感あふれる現在の状況は、振り子の描く単なる繰り返しなのか、あるいは大きくスパイラルを描いて上昇した結果なのか。この先の未来はどこに続くのか。読者のみなさんとともに、2点間を結ぶ線をたどることで、電子出版の構図を明らかにし、本の未来について考えることにしよう。

目次

はじめに　電子書籍ブームの中で本の未来を考える……3

Webの拡大と出版　1999年1月〜2000年12月

電子読書端末にデジタル紙魚は付くか?……18
デジタル入稿から出版までの流れを妨げるものは……20
もう一つの巨大な雑誌市場、「まぐまぐ」登場……23
『ユー・ガット・メール』のコーヒーとソファと高価な壁紙……25
アマゾン・コムはメディアか単なる大型書店か……28
通勤電車SOHOとCD-ROM辞書……30
静寂のやってこない図書館をめぐる話題……33
本は水道水のように流通するか?……35

ディスプレイで何を読むか？……38
三位一体から何でもありのオンライン書店……40
大活字@オンデマンド出版を出版社自らで！……43
最低のインターフェースと最強のコンテンツインフラ……46
本の値段はパッケージ？　読書体験の値段は……48
キングショックはネットに乗って……51
【コラム】無料の先駆け　忘れられた90年代電子書籍ブーム……54

コンテンツとオンデマンド
2001年1月〜2002年12月

20世紀末の本の話題　21世紀の本のかたち……56
デジタルコンテンツの複製に見る教育機関での著作権……58
電子書籍に未来はあるのか　紙読書の優位性……61
「所有する」本と「使用する」電子書籍……64
すべての講義をネットに公開するMITの挑戦……66
講義の著作権は誰のものか？……69

教育と電子辞書　水面下で進む学習辞書市場の崩壊 …… 71
存在を意識させない組版技術の凄さ …… 73
「無料」常識に挑むネットで生まれた有料図書館 …… 76
デジタルかディジタルか　専門用語の一般化 …… 79
熱気溢れる中国の突出した電子出版事情 …… 81
出版不況下の話題「本が危ない！」の本質は何か …… 84
なぜ書くのか？　著作権の対価は金か名誉か …… 86
電子教材にみるカスタムパブリッシングの興隆 …… 89
ＭＩＴ　ＯＣＷ無料公開の行方 …… 94
「印刷術と宗教改革」って何？　中国の出版文化史 …… 96
デジタル技術は人を豊かにするか …… 98

ケータイ文化とグーグルの台頭

2003年1月〜2005年12月

読んでもらえるだけで本望か？　著作権の対価と美徳 …… 102
コンテンツポータルの道　アマゾンで古本が好調 …… 104

「電子出版」は出版になったか？……107
携帯電話から「ケータイ」へ……109
巨大資本とアンドレ・シフレンに学ぶ出版……111
マンガを液晶読書端末で読むか？……114
「デジタル万引き」は違法万引きか？……116
電子書籍の終わりと始まり　相次ぐ大手の撤退……119
新聞の将来像を誰が描くか……121
ソニーの電子書籍レンタルモデル……124
アマゾン・コムの進化と書籍全文検索機能の波紋……126
ケータイ電子書籍で売れた芥川賞受賞作……129
紙で読まないケータイノベルの誕生……132
電子書籍端末の販売戦略は高機能で低価格だけ？……134
電子書籍市場成立の絶対条件　標準化の必要性……137
電子ペーパーがもたらす新聞「紙」メディアの将来……139
記事風レイアウト『週刊デジタルポスト』への疑問……142
『電車男』の舞台裏　ネット投稿の著作権は誰のもの？……145
紙より電子文書が主流の時代へ……147
デジタル活字の信頼性　文書と出版物の違い……150

ネット発コンテンツ『電車男』のマンガ化……152
読書専用端末か、液晶デバイスか？……155
ＥＰＩＣ２０１４が予測する未来社会とメディア……158
ＥＰＩＣ２０１４の余波と情報社会の光と影……160
ｉＰｏｄがもたらす新たな課題　著作権と学習……163
グーグル検索サービスで「巨人の肩の上に立つ」……166

Webの進化とケータイ小説
２００６年１月～２００７年12月

本のデジタルばら売り　アマゾン「なか見！　検索」……170
ケータイ読書のスタイルと読書専用端末の限界……172
信頼性への期待　Ｗｅｂ２・０と印刷メディア……175
Ｗｅｂ２・０の不思議　バズワードとロングテール……177
Ｗｅｂ２・０時代の「信頼性」　厳しくなった読者の目……182
電子出版の標準化にベルリンで手応え……184
電子出版のコンセプトモデル規格が成立……187

携帯電話とケータイ小説の関係と作法……189
ケータイ小説の読者層は印刷本を読まない読者たち……192
ケータイ小説を本で読む理由　ブームは定着するか？……195
親密感が生み出すケータイ小説ファン心理……197
よりよい教材流通に向けた教育における著作権再考……200
ケータイコミックの市場動向と課題……202
ケータイコミック読者層の傾向特性と問題……205
コルマールでの標準化会議　オーディオブックの提案……207

電子書籍の再興隆

２００８年１月〜２０１０年現在

ソニーリーダーに続くアマゾンで電子書籍端末再浮上か……212
電子書籍端末の市場背景　ソニーリーダーとキンドル……214
図書館とデジタルアーカイブの新たな連携に向けて……217
国会図書館サービスの方向性……219
電子ペーパーの普及と電子書籍端末……224

デジタル雑誌国際会議　進むデジタル対応と戦略的著作権……229
デジタル雑誌とは何か　印刷雑誌の延命策か？……234
グーグルブック検索と米国集団訴訟和解の影響……236
黒船は来襲か来航か　出版デジタル開国！……239
グーグル和解問題と日本出版界の課題……242
デジタルアーカイブと日本版グーグル検索……244
ジャパンブックサーチの未来予測と懸念……247
「キンドル国際版」発売　まずは新聞読書の変化か……252
グーグルブック和解修正案　変化の激しかった２００９年……254
グーグル和解後の対応　検索依存症の時代……257
「書デジ懇」始動　電子書籍による出版市場の拡大……259
情報量増加説への疑問　便利になることは幸せか？……263
アップルの携帯端末ｉＰａｄ発売の狂騒……266
あとがきにかえて　旧弊なる進歩的出版人、あるいは本好きの電子出版研究者……269

Webの拡大と出版

1999年1月〜2000年12月

電子読書端末にデジタル紙魚は付くか？

「どうしてコンピュータでプログラムミスをバグ（虫）というのか？」といった意味の質問が、先日テレビのクイズ番組で紹介されていた。初期のコンピュータは放熱量が多く、蛾や虫が集まって故障の原因を作ったことに由来する、といったことは多少なりともコンピュータにかかわる人ならば一度は耳にした話である。

番組内で初期のコンピュータとして紹介された写真は、厳密に言えば電子計算機ではなく１９４４年ＩＢＭ製機械式計算機ＭＡＲＫＩであった。これならば蛾が飛び込んでリレー接点や歯車に挟まるのもうなずける。翌年、総重量30トンにもなる最初の電子計算機（異論もある）ＥＮＩＡＣが完成している。いずれにせよ、当時すでに物心ついていた人が、今だ出版界では現役で活躍しているほんの半世紀前の出来事である。

社会生活に大きな変革をもたらしたコンピュータであるが、ＣＴＳやＤＴＰのように本を作るプロセスは変えても、本そのものの形態への影響はまだ始まったばかりだ。ＣＤ-ＲＯＭが登場して10年以上になるが、辞書や事典などが書籍からＣＤ-ＲＯＭに置き換わって実用的に使われ始めたのは、90年代になってのことである。

過去の７年は未来の１年

しかし、将来に目を転じれば、その変化はもっと急である。コンピュータの進歩

ＣＴＳ……電算写植システム。

ＣＤ-ＲＯＭ……１９８８年にＩＳＯにより標準化。現在は登場から20年以上経っている。

コンピュータ……原型は１９４０年代前後に登場し、現在では60余年が経過した。情報の収集や表示にも活用されるが、ネットとケータイがその機能の中心となった。

がもたらす時間軸はドックイヤーとも呼ばれ、過去の7年が未来の1年に相当するといわれる。コンピュータ誕生以来50余年間の変化に等しいことが、今後10年以内に起こる。となると、我々の想像以上に、紙の本が個人の情報取得（読書といってもよい）の主役の座から降りるのは早いかもしれない。

電子書籍実験スタート

98年の出版界最大の話題の1つに「電子書籍」がある。見開き型の携帯電子読書端末のカラー写真が同年7月3日付朝日新聞の第1面を飾った。出版社が本の中身（コンテンツ）を送信センターに集め、そこから衛星通信を使って書店やコンビニに置かれた「電子書籍自動販売機」に送る。読者はＭＤにダウンロードし読書専用端末で読む。この実証実験を今後2年間、通産省の予算もとって１００億円規模で行うという。

この記事を読んで驚かれた出版・印刷業界の人も多いと思う。日頃、電子出版にあまり興味のなさそうな人もしばらく挨拶代わりの話題としていた。私も驚いた。皮肉な言い方になるが、天下の朝日新聞が1面に取り上げたことにである。そして「バスに乗り遅れるな」的な保険としての実験参加が始まる予感もした。もちろん記事に嘘はなく、実証実験の開始を伝えているだけである。それでも十分業界の驚きを誘う要素がここにはあった。

偉大なる実験をスタートさせた関係者の努力に敬服する。そして、実験すること

電子書籍……出版物をデジタルデータ化し、携帯端末で読めるようにしたもの。ｉＰａｄやキンドルが話題となっている。

電子書籍自動販売機……90年代末ではインターネットはまだナローバンドだった。衛星通信を使うことで、書店の参入も考慮した一石二鳥策だったのだろう。

でしかわからない多くの成果を業界の片隅にいる人間として期待したい。ただ「未来の本」が、この計画のように高精細液晶2枚組になると決まったわけでもなんでもない。インターネットの普及が証明したように、インフラや標準を決めるのはユーザー（読者）のみである。

紙の本に付くのが紙魚（しみ）ならば、電子読書端末に付くのはバグだろうか。それでは故障のようでもある。紙魚には「本好きで世間に疎い人を皮肉る言い方」という意味も辞書に載っていたが、ファミコン少年などメディアを変えた紙魚的（趣味的？）人間とも言える。彼らがゲーム画面に現れる文字（劣悪な書体！）を読む速度など驚異的である。近い将来、電子読書端末だからこそ夢中になって読む、デジタル紙魚的人間が現れないとも限らない。むしろ現れると思っている。何しろ、未来の5年は、過去35年に匹敵するのである。

デジタル入稿から出版までの流れを妨げるものは

新JIS漢字（第三水準、第四水準）と同時に「日本語文書の組版指定交換形式」が公開レビューされた（99年2月末日まで）。この規格は日本語文書の情報交換の際に、タグ付けや特殊記号（もちろんJISコード化された図記号）により、組版処理の指定もあわせて交換可能にしようというものである。例えば、ルビ処理でいえば親文字とルビの関係を位置づけて指定することができる。朗報である。一刻も早く組版指定付きのデジタル入稿が標準化され、出版までの一貫した流れが実現できれぼと思う（ＪＩＳ Ｘ ４０５１：95「日本語文書の行組版方法」は「日本語文書の組版方法」としてこのレビューをもとに04年に改正された）。

師曰く「定価を下げよ」

　ワープロ原稿データのデジタル入稿では、一切の組版情報を落としたプレーンテキストしか利用できない。印刷出版の現場では常識であるが、著者にはなかなか理解していただけない。脚注やルビ、さらには数式をワープロ技術(?)を駆使して作ってこられる著者も多い。そんな原稿に限って、強制改行での桁揃えや、引用字下がりを各行ごとに空白で実現したりしている。

　経験的に言うと、ワープロ専用機の達人ほどこの傾向が強く、ＭＳ－ＤＯＳのファイル保存もご存じない。あげくに「組版の手伝いをしているのだから、本の定価を下げてくれ」という著者もいる。

　さらに「印税を上げろ」という作家がいるのを知ったときは驚いた。嘘だと思う人はアスキーから発行された『電脳売文党宣言』（97年）を読んでみてほしい。インターネットの時代に、古い話を持ち出されては本人も迷惑かもしれないが「（前略）フロッピーで渡したんですが、写植のオペレータを僕が代行したのに、手書き原稿と印税が同じなのはおかしいのではないか」（傍点筆者）と発言している作家がいる。

　ワープロ発達の功罪があるとすれば、組版をワープロ組版と同列でしか理解できない、このような執筆者を育てたことは明らかに罪である。

日本語文書の組版方法……09年6月に、これをもとにＷ３Ｃ（ワールドワイドウェブコンソーシアム）から「Requirements for Japanese Text Layout」として公開中。

組版処理にかかる労力はもとより、読みやすい組版実現のために出版と印刷がかけてきた時間とエネルギーをわかっていないのである。だいたい、その対談に居合わせた編集者は何をしていたのか。外野から一言発言して、対談の方向に軌道修正をかけるのが編集者の役目ではないのか。と、呆れるやら腹が立つやらであった。ただ、ここらあたりが、平均的執筆者の組版に対する認識なのかもしれない。そもそも組版は、読みやすくするための技術であり、同時に目立たないことを要求されている。読み手に意識させないことがよい組版とも言える。それを規格という形で明示的に表現できたことは、JIS X 4051の成果である。

OA化の遅れた編集者

前掲の対談では、発言を受ける形で井上夢人氏が「(編集部から)プリントアウトもつけて下さい、なんといわれるとガックリきますし、(中略)OA化の遅れが一番深刻なのは編集部」と続けている。

担当編集者とどのような事前打ち合わせをしたかによるが、プリントアウトは必要である。外字の問題もあり、著者が画面で見ている文章と同じ出力を出版社や印刷会社の環境で得られるとは限らないのである。著者のデジタルデータと渡されたプリントアウト原稿が一致していないこともよくある。現状では紙が主たる原稿で、デジタル原稿が従にならざるを得ない。あとはデジタルデータの取り扱いに対し、両者の間で信頼関係が築かれているか否かである。

MS-DOS……マイクロソフト社のOS。IBM社が自社初のパソコンに採用したことで普及し、OSの標準となった。

OA化……オフィスオートメーション化。電子機器を活用し、事務作業の効率化を目指す取り組み。ちなみにIT化は情報技術を駆使して事務以外にも経営などの広範囲を効率化する取り組み。

その上で編集者のOA化が遅れていることは一般論として認めざるを得ない。デジタル入稿から出版までのワークフローを実現させる上で、旧態依然の編集部が取り残されていく。今後10年以上、編集者でいようと思う人はJIS X 4051を読むことをお勧めする。

もう一つの巨大な雑誌市場、「まぐまぐ」登場

インターネットのホームページ（ウェブ）にある雑誌をウェブジンという。ウェブ+マガジンと誰でも想像がつく合成語であるが、さにあらず、そもそもZineとは商業メジャーマガジンに対して、ミニコミ同人誌を指す言葉という。オックスフォード辞典によると、1965年の『ニューヨーカー』誌にファンジン、ファンマガジンの省略として使われた例がある。正しくはウェブ+ファンジンだったのである。

米国からはウェブジンの撤退話が相次いでいる。日本でもそうだが、Zineの本来持つミニコミ同人誌的性格が弱まり、商業的成功だけが運営の判断材料となった結果である。儲かる儲からない、役立つ役立たない、リアルな世界のビジネスモデルをどう持ち込むか、なんてことばかり考えているから、うまくいかないのだろう。

団塊の世代の人ならガリ版新聞を作ったり、安いコピー屋さんを捜して少部数限定のコピー同人誌を作った経験があると思う。その延長上にある個人ホームページこそ、ウェブジンの本道である。

世界に向けて表現し始めた人々の発言を、ゴミだの空っぽだのと言わず、表現欲求を簡単にかなえるインターネットの本質を忘れてはいけない。
しかし、ホームページは他人にアクセスしてもらう必要がある。凝ったページを作れば、ダウンロードに時間がかかり、定期的な配信は個人に負担が大きすぎる。

インターネットの出版取次業

インターネットでもっと簡単にファンジンが発行できないだろうか。この回答が大変な興隆を極めている電子（e）メールを利用した「メールマガジン」である。これならばホームページより簡単で、確実に読者に届けることができる。
この個人メールマガジンのためのインターネットの出版取次業に「まぐまぐ」がある。初めてまぐまぐのトップページを見た人は、そのデータに目を見張ることになる。99年3月5日現在で6800を超える「雑誌」が登録されている。日刊、週刊、不定期刊と発行形態は様々であるが、1週間に発行された雑誌の数だけとっても延べ4098誌。最大発行部数の『MSNニュース&ジャーナル』がおよそ13万部。以下55誌が1万部以上である。
ランキングを見ると人気があるのは、ニュース、懸賞・プレゼント情報、友達探し、英会話などの学習誌などである。友達探しというのは定期的にメールフレンドを紹介してくれる雑誌で、メールマガジンらしいメディアである。いずれもまぐまぐのサイトで一覧でき、簡単に購読を申し込むことができる。

ガリ版……50～80年代に広く使われた謄写版のうち、ロウ紙と鉄筆を用いた呼称。70年代はボールペン原紙だった。

まぐまぐ……2010年の時点で、メールマガジンが3万8000誌（うち携帯が約8000誌）、読者数1000万人。

97年1月にまぐまぐがスタートした時点で15誌、1万人。97年末で100万人を超えたときから、ほぼ2ヵ月ごとに100万人増加し、98年秋以降はそれも1ヵ月ごとの伸びとなる。現在、905万人。いずれ、間違いなく1000万人の大台である。

気軽で無理なく巨大化

発行は無料で、購読の多くも無料であるが、現在、有料誌のための課金システムを構築中であるという。誰もがガリ版を刷るように簡単に雑誌を発行でき、代金の回収システムもあるとしたら、商業ベースに乗るメールマガジンもこれからどんどん登場するに違いない。なおインフラビジネスとしてはメールに付けた広告収入だけで、すでに成立しているという。

かつて机と電話さえあれば出版社ができるといわれた。今また、アイディア次第で個人の労力や資金の中でメールマガジンを発行し、日本中に配信することができる。この素晴らしいインフラの登場に紙媒体を凌駕する巨大な雑誌市場が形成され、多くの読者とともに日々増殖している。瞠目《どうもく》の将来である。

『ユー・ガット・メール』のコーヒーとソファと高価な壁紙

ロングランとなったアメリカ映画『ユー・ガット・メール』が、出版界で話題である。トム・ハンクス、メグ・ライアン主演、ノーラ・エフロン監督となれば、『めぐり逢えたら』のヒットトリオであり、話題性は高い。二番煎じのようでもあるが「アメリカの書店事情研究」と、思い直して観に行く。

ニューヨークで小さな児童書専門書店を経営する女主人と、目の前に大型書店を出店したチェーンストアの御曹司は宿命のライバルにして、実はeメール上では悩みや恋の想いをオープンに話し合えるメールフレンド……といったeメールの匿名性を小道具にしたありがちな話が、センス良く展開する。戦前に制作された映画のリメイクだそうで、オリジナルでは文通を題材にして、女主人は大型書店を開店と同時にフラれるというバッドエンドである。

これに対し本作では、小書店は廃業し、恋は成就というハッピーエンドなのだが、この結末に対して「大企業やウォール街の不正や虚業を暴き、額に汗して働く大切さを説いてきたアメリカ映画の伝統を壊す経済思想」という米総局長の批判がある。

戯言である。映画こそ、そんな建前論では変えられない現実を、ありのままに描いているのである。

全米最大の書店チェーンの「バーンズ&ノーブル（B&N）」や「ボーダーズ」は90年代に入り積極的に大型書店（スーパーストア）を展開。営業時間は午後11時まで、売場面積は平均700坪、書籍は10万点以上に及ぶ。ベストセラーの3割引をはじめ、ほぼすべての本が値引きされている。中小書店での販売価格が高いのは映画が描いたとおりである。

品揃えにもまして魅力的なのは、店内至る所に置かれたアームチェアやカウチソファ、さらにスターバックスカフェのコーヒーコーナーである。噂には聞いていたが、98年ホノルルのB&Nを訪れた際も、思い思いにソファに腰を下ろして読書する客たちの姿は印象的であった。なかにはノートを開いて勉強する人や、コーヒーショップに店内の本（買っていない！）を持ち込んで読んでいる者もいる。

このスタイルに客も店員も慣れているらしく、むしろ積極的に展開しているのは「長時間滞在する人の書籍購入額は通常の倍以上」という計算あってのことである。

また児童書のコーナーにはぬいぐるみや積み木が置かれ、店員（ピエロの服装のときもある）が、子供の相手をしてくれる。リバイバルブームの「おさるのジョージ」を相手に子供たちが目を輝かしている間、親はゆっくりと本を探すことができる。さらに詩の朗読、作家の講演、ミニ演奏会など多彩な演出も凝らされている。

国内では、99年3月にジュンク堂が全国一の大型書店を大阪堂島に開店した。売場面積１４８０坪、約80万冊の在庫のうち、半数が学術・専門書というジュンク堂のキャッチフレーズは「立ち読みお断り、座り読み歓迎」だ。店内に椅子や机が置かれているのは、明らかにB&Nの影響である。

大型書店の出店が、中小書店の経営を圧迫しているのは日本も同様で、90年代に入ってから毎年１０００軒が廃業している。専門書にも目の行き届いた中小書店が廃業していくなかで、大型書店がその代わりを担っていくかという不安もある。事実、開店当初は専門書を並べたが、数年後、売れ筋中心に変えた書店が多い。

かつて『ニューヨーク・タイムズ』が、書店の棚にびっしりと詰まった売れない本を「高価な壁紙（ＥｘｐｅｎｓｉｖｅＷａｌｌｐａｐｅｒ）」と名付け、話題となった。幅2センチ、高さ20センチで数千円もする専門書こそ、高価な壁紙である。書店の隅の壁を占有し、ひっそりと読者が訪れるのを待つ専門書。『ユー・ガット・メール』でも扱われたインターネットが、この専門書にスポットを当てることになる。

アマゾン・コムはメディアか単なる大型書店か

わが家にはインターネットはあってもテレビがない。2歳の息子がテレビ漬けになってしまい、業を煮やした彼の母親（つまり僕の奥さん）はテレビを押入れ深くしまい込んでしまったのである。

半年後、彼は新しいメディアの探求に乗り出した。僕の部屋でいたずらをしている気配を感じた奥さんは、Windowsパソコンでペイントを立ち上げ、マウスでお絵かきをしている息子を発見するのである。

新しいメディアが登場すると必ず世代区分が生まれる。物心ついたときに、そのメディアがあったか、否かである。2歳半の子供にとってクレヨンを使うのとマウスのドローイングに違いはない。

一方、評価や批判から入るのが旧世代である。インターネットに対して、ちょっとヒステリックな批判と賛同を耳にするが、大概が未知のものに出会ったときの旧世代の「興奮した」反応である。90年代のインターネットは、きっと50年代のテレビがもたらした興奮と混乱に匹敵するのだろう。

こんなことを考えたのも、ゴールデンウィークに伊豆に旅行し、半年ぶりに見たテレビ映画が、たまたまロバート・レッドフォード監督『クイズ・ショウ』（94年）だったせいでもある。人気クイズ番組で、連戦連勝のチャンピオンを大学講師が打ち負かす。二枚目で家柄も申し分のない新チャンピオンは人気者となり、視聴率は急上昇。しかし、その裏には仕掛けがあった。プロデューサーが事前に正解を教えていたというスキャンダルが発覚する。結局、テレビ会社の壁は厚く個人が社会的に葬られることで映画は終わる。

この映画では1956年の事件として描かれているが、実際は55年からCBSが始めたクイズ番組『6万4000ドル』や、NBC『21』が引き起こした事件に基づいているという。テレビのやらせ番組は昨今でも話題となるが、今でも最大のテレビスキャンダルといわれるのは、視聴者に初めて不信感を植えつけた事件だからである。以降もテレビはメディアとして急成長するが、人々の間に芽生えた不信感は消えることはない。

さて、アマゾン・コムの役割を本好きな人々にコミュニティを提供しマイナーな書籍にもスポットを当てた「メディア」ととらえていた人にとって、99年2月8日の『ニューヨーク・タイムズ』の記事は、新たなる不信感と幻滅の始まりとなったかもしれない。書評記事が広告として売買されていたのである。

アマゾン・パッケージという書籍広告の仕組みでは、出版社は最大1万2500ドルを支払うと、分野別に紹介したトップページにタイトルを載せることができる。同時に著者のインタビューや略歴も紹介され、アマゾン・コムの推薦文も載る。いかにも自発的に編集されているかのような体裁をとり、利用者には何の断りもない。辛口の書評誌『カーカス・レビュー』や『パブリッシャーズ・ウィークリー』と提携し、その書評を転載しているが、出版社の金により批判的な書評が排除されているとしたら、アンフェアな話である。
一方、ビジネスの立場から見れば、アマゾン・パッケージは雑誌の記事体裁広告と同じ手法である。「書店が出版社からの報奨金やバックマージンにより、特定の本をウィンドウディスプレイしたり積極的に商品展示するのは、従来からの商習慣である」というアマゾン・コムの反論もある。
要はオンライン書店を新たなるメディアとするか、単なる大型小売店ととらえるか、であるが、明らかにアマゾン・コムの経営陣は、後者の立場で売上を優先したのである。旧来のビジネス手法をインターネットに持ち込んで惨敗する企業を尻目に急成長したアマゾン・コムは、巨大化することでインターネット文化を忘れようとしている。

通勤電車SOHOとCD-ROM辞書

ソニーの犬型ロボット「ＡＩＢＯ（アイボ）」が、99年6月1日発売開始とともに20分で完売したという。年齢がばれるが、白黒映像の鉄腕アトム第1回放送をわくわくしながら見た記憶がある。当時、21世紀の各家庭にはロボットのお手伝いさんやペットがいると信じていた。そんな空想が妙にリアリティを帯びてきた愛玩ロ

ニューヨーク・タイムズ……アメリカで第3位の１００万部を発行する日刊新聞。95年からＷｅｂ版も提供している。

カーカス・レビュー……１９３３年創刊のアメリカの書評誌。２００９年をもって廃刊となった。

パブリッシャーズ・ウィークリー……１８７２年に創刊したアメリカの出版専門誌。

ボットの発売だ。

人工知能研究の成果を盛り込んだペットは、最初、子犬のようにヨチヨチ歩くという。情報家電が身の回りに溢れることに対し抵抗感もあるが、コンピュータ技術が進むほどコンピュータの顔などしていないのである。

ＡＩＢＯの完売を告げる同じ新聞に第3世代ネットワークの記事が載っていた。第2世代が千倍の高速化を目指して開発中ならば、第3世代は、あらゆる情報家電をネットワークでつなぐ。胸ポケットの携帯電話から家庭の大型冷蔵庫まで、コンピュータは今以上に電化製品に入り込み、人が気づかないうちに互いに連絡を取り合って人間に尽くすのである。

例えば、台所の家電たちは、つねに僕の食事を管理し、健康診断データを基に夜の献立を考え、冷蔵庫の在庫により出先の奥さんの携帯電話に買い物リストを送る。給料日には1品増えるが、残高が減ってくると……ウーム、やはりちょっと怖い気もする。

CD－ROM辞書は楽しい

情報家電に比べ、はるかに使いにくいパソコンであるが、使う目的や立場でソフトをそろえさえすれば、こんな便利なものはない。僕は片道1時間以上電車に乗る遠距離通勤者なので、薄型Ｂ5サイズのノートパソコンをもっぱら通勤電車の中で愛用している。

出勤電車の中ではアサヒコムやたまったｅメールをまとめて読む。その際、ボイジャーのＴ－Ｔｉｍｅで読むことにしている。たまに読みながら眠ることもあるが、座っていれば落とすことはない。以前、吊革につかまって居眠りをし、手にしていたザウルスを落としたことがある。幸い（?）

座っている人の膝の上に落ちたので壊れなかったが、電子書籍端末が普及しても立って読むのは要注意である。

原稿も電車の中で書く。その際、強力なツールがCD-ROM辞書である。ハードディスクを仮想CD-ROMドライブとするソフトを使ってマイクロソフトの「Bookshelf」をインストールしてある。これには小学館国語大辞典をはじめ、英和、和英、英英、類語、ことわざ各辞典とデータパルが納められている。ついでに岩波書店『広辞苑』もインストールする。さらに小学館『日本大百科全書』、日経BP『デジタル大辞典』などをインストールしてあるので、一通りの調べものができる。

注目したいのは後二者がハードディスクにインストールして利用することを可能としている点である。大容量ハードディスクがあれば、何枚ものCD-ROMを持ち歩くのは実用的ではない。『日本大百科全書』CD-ROM版の開発では「読者の環境を考慮して、コピー防止ではなく積極的にコピーして利用できることを考えた」という。念のため書くが、ここでいうコピーは正規ユーザー利用のことで、不正コピーは論外である。

もともと事辞典、それも百科事典を引くのが好きなので、この原稿を書く間にも「ロボット」「手塚治虫」「SOHO」「百科事典」など、片っ端から引いて楽しんでいる。こうなると車内がパソコン書斎のようなもので、「スモール・オフィス」で

T-Time……ボイジャーが無償配布しているビューワーソフト。テキストやHTMLも電子書籍と同じ表示形式で読める。

ザウルス……シャープが製造・販売していたPDA製品の名称。その後リブリエやキンドルでも立ち読みを試みたが、続くiPadは重すぎである。

はなく、「シート・オフィス」のSOHOである。

物語を楽しむ本と、調べたり研究する本は、別な要素を持っており、後者の本はより使いやすい道具として、分化していくのではないだろうか。それがデジタル化の道であるのは間違いがない。

静寂のやってこない図書館をめぐる話題

98年春まで、図書館の上に住んでいた。と言っても、住んでいたマンションの1階に区立図書館があっただけなのだが、書斎代わりに使えたし、子供の絵本を借りるのにも便利だった。東京下町の地域図書館といっても大型の事辞典は大抵そろっていた。

なにより「図書館の上に住んでいる」というシチュエーションが気に入って、出版仲間にはちょっと自慢げに話したりしていた。

ところがある時思い立って、勤める出版社の本を探したら、ないのである。地域図書館の規模と役割からいって、少部数の専門書など（しかも理工系）、置いてないのは初めからわかり切っていたが、現実を突きつけられたようで、ちょっとがっかりである。

地元はもとより出張のたびに図書館によって、自分の編集した本の購入希望をせっせと書いている友人を思い出した。が、係の人に「中央図書館に在庫があるか、お調べしましょうか」と言われ、そのまま引き下がってしまった。

利用者の少ない専門書に対して、ベストセラーに貸出希望が集中している。そのため図書館がベストセラーを十数部、時に数十部購入することの是非が最近話題である。「図書館は親切な無料の貸本屋さんになったのか」という刺激的な発言もあり、賛否両論が入り乱れている。いつ誰が借りるかもわからない専門書より、購入希望が集中する本を買っておいた方が、一時的にせよ貸出率は向上し、利用者サービスになる。しかし話題作といっても、一年もすれば誰も借りなくなる本が多い。図書館が本来持つ役割と、現場で直面している問題があり、簡単に結論は出ない。僕としては、これを機会に専門図書館が充実してくれればと思う。

売れ筋調査に目録データベース

目録データベースと情報検索システムの構築が進むことで、地域内や公立図書館の在庫情報がすぐにわかるようになってきた。インターネットで収集図書の検索サービスも試みられている。

例えば、文部省学術情報センターには、全国の大学図書館などが所蔵する図書・雑誌の総合目録データベースを、WWW上で検索できるシステム「Ｗｅｂｃａｔ」がある。書名キーワードによる検索や著者名、出版者（会社だけでなく個人もいるので、こう書く）など、一通りの検索が可能である。目的の本や雑誌を探せば、論文など必要箇所のコピーを依頼することもできる。ただ、日本の大学図書館は米国と違って地域に開かれていないので、紹介状がないと直接利用は難しいようだ。

自社の本や類書を収集している大学リストを見ていると、その本の売れ行きや程度、さらに本のレベルに応じた大学の学力も何となくわかってくる。「フムフム、この大学図書館には、なかなか目利きの選書係りがいるな」なんてね。

電子図書館への発展

図書目録データが充実すると、次に利用者が望むサービスは一次情報、つまり本の内容（コンテンツ）をネットワークを通して読めないか、ということになる。利用者が図書館に望むサービス向上としては、開館時間の延長と在宅での借り出しがある。デジタルコンテンツを蓄積・配信する「電子図書館」では、この2つが一度に解決することになる。

情報アクセスの利便性だけを考えれば、ユーザーメリットは大きく、推進者は口当たりのよい説明をしがちである。利用者の立場で考えれば積極的に進めてほしいのだが、編集者の立場で考えると、著作権や出版者の権利など未解決の問題が多い。

本は水道水のように流通するか？

最近、大手コンピュータ会社を辞めてシステムコンサルタントとして活躍している著者と話をした。もともと好奇心旺盛な人で情報収集にも精力的である。「激烈な通信ビジネスも身をもって体験しておこうと思いまして」と前置きして教えてくれたのが、インターネット電話ビジネスである。「どうせ音質が悪くて使い物にならないと思っているでしょう」「いえいえ、そんなことばかりしているから原稿が遅れるわけだ、と思ってますよ」とやり返しているうちに、相手はインターネット電話会社の番号に続いて暗証番号を押す。「ここまではメモリーしておけばＯＫ」と言って、次に九州の天気予報サービスを呼び出した。なるほど遜色ない音質である。
インターネットプロバイダーと同じ仕組みで、アクセスポイントから地方のアクセスポイントまでインターネットを経由し、あとは自動的に市内電話網につないでいる。マイクロ波や光ファイバーで大都市間をつないだ代わりに、インターネットを利用しているのだ。東京23区内より僕の住む八王子以遠ならば、どの通信インフラより格安で国内最大56％安、国際電話料金は50〜85％安いという。それ以上安くならないのはNTT市内電話網を利用しているからである。

情報遺産の「不良資産」化

当時の堺屋太一経済企画庁長官が光通信網を全国に張る「情報新幹線」構想を提唱した。鉄道整備による公共投資ではなく、情報通信費の削減による景気対策が狙いらしいが、おわかりのように10年分ピントがずれている。問題は、幹線ではなく各家庭への枝線である。およそ１００年前に東京横浜間に初めて電話が引かれた時から、「電話加入権」を売って得た資金で市内電話網は整備されてきた。そう簡単に安くできるものではない。
携帯電話が固定電話の台数と並び、事実上のインターネット端末であるNTTのｉモードは、わずか半年間で２００万台である。好評のISDNは４００万回線という。おかげでわが家も保有している7万２０００円の電話加入権は暴落である。
時代が激変する中で、NTTが市内通信の料金体系を安くしないのは、それによっ

経済企画庁長官……現在の内閣府特命担当大臣（経済財政政策担当）。

ｉモード……携帯電話を使ったNTTドコモの通信サービス。

ISDN……総合サービスデジタル回線網。

て18万人の従業員と関連企業、果ては郵政族までが養われているからという。

しかし、技術の陳腐化は恐ろしく早い。最近話題のＡＤＳＬ技術は、簡単な設備でＩＳＤＮの10倍以上の通信速度となる。ＩＳＤＮに多額の投資をしたＮＴＴが転換するのは困難ともいわれている。どうやら過去の資産が未来への遺産だった時代は終わり、デジタル時代では、たちまち不良資産となるらしい。

デジタル著作物の配信時代

では、オフセット印刷物の膨大な資産を持つ出版界は、爆発的にコンテンツが流通する高速通信インフラ時代に生き残れるだろうか。

Ｌｉｎｕｘに代表されるオープンソースの思想は、情報流通を水に例えることができる。松下幸之助の「水道の哲学」を思い出してもいい。供給力の増大によっていかなる必要物資も無料同然となる、と唱えた松下翁が生きていたら、家電メーカーではなくコンテンツ配信か情報インフラ企業を経営していたかもしれない。

音楽業界では、ソニーを先頭に本格的な音楽情報のデジタル配信が始まる。これに関しては、おそらく２０００年の1年間で著作権処理、課金、暗号化などのネットワーク配信技術が実証され、年末にはブームがくるだろう。そして21世紀のスタートとなる01年には、その技術はデジタル書籍の流通に、きっと使われるだろう。

99年は様々なデジタル出版の実証実験が行われた年であった。電子書籍、海外でのＯｐｅｎ ｅＢｏｏｋ、オンデマンド出版。そのどれもが２０００年に結実期を迎

ＡＤＳＬ……非対称デジタル加入者線。一般アナログ回線を使用した高速デジタル有線通信技術。

Ｌｉｎｕｘ……リナックスまたはリヌックス。ＯＳの中核ソフトウェアまたは開発されたソフトウェア製品群全体も指す。

Ｏｐｅｎ ｅＢｏｏｋ……電子書籍フォーマットとその団体名。ＸＭＬを基本にしており、米国の電子書籍の標準的仕様。現在はＥＰＵＢに発展した。

える。この1年の変化を思うと、ますます目が離せない。

ディスプレイで何を読むか？

「プレイステーション2」の発売が目前に迫った。スパコン並みの画像処理能力とインターネットへの対応から、単なるゲーム機から情報家電のトップバッターとして期待されている。友人、知人、著者、編集仲間と周りを見回すと、まったく興味ないか知らない人から、すでに熱くなっている人まで様々である。パソコン誌の編集者は別として、元々活字中毒患者で編集者になったタイプは、インターネットにはまってもテレビゲームはやらないようである。

ゲームのやり方と思考回路

テレビゲーム黎明期の頃、インベーダーゲームに多量の百円硬貨を投入したことを例外とすれば、ゲームに熱中したことはない。ファミコンもプレステもほとんどさわっていないのだが、一度だけ小学生に囲まれて、テレビゲームに片っ端から挑戦したことがある。新作のゲームを始めると、彼らの誰もが初めてとは思えない速度で、文字による指示を読んでいく。一緒にやっていると判断するどころではない、半分も読めないのである。

プレイステーション2……00年3月にソニー・コンピュータエンタテインメントが発売した家庭用ゲーム機。現在は上位機種「3」も発売している。

インベーダーゲーム……78年にタイトーが発売したアーケードゲーム「スペースインベーダー」の総称。

僕はたまらず質問した。「読まなくてもわかるの？」「無理だよ、ちゃんと読まなければ」「?!」彼らは全部読んでいるという。動きのある画面の中で突然現れる劣悪な文字を、ジョイスティックを動かしながら一瞬にして読み、判断しているのである。

漫画の読み方と思考回路

「遅いよ！」の彼らのブーイングの中で、鮮明に思い出したことがある。かつてマンガ雑誌をめぐって同じような体験をした。ただし立場は逆で、マンガを読んでいるのが小学生時代の僕で、横からのぞいているのが父である。

おそらくマンガ雑誌が月刊誌から週刊誌へ移行した昭和40年前後の頃と思う。マンガを夢中で読んでいた僕に、いつのまにか隣でのぞき込んでいた父が聞いた。「全部読んでいるのか？」質問の意味がわからないでいると、「一緒に読んでいると半分も読めない」という。父は正真正銘の活字中毒患者で、読むのは遅くない。ただ、マンガは一度も読んだことはない。

彼のマンガの読み方はこうである。まず、吹き出しのセリフを読む。それからそのコマの絵を見る。次のコマの吹き出しを読む。絵を見る。これを繰り返す。遅いわけである。マンガは絵とセリフを同時に読むんだよ、と教えたが大正生まれの父にはできなかった。きっと「右足と左足を交互に出す」と歩き方を説明するようなものだが、マンガの洗礼を受けていない世代は、文字と絵は別の読書回路なのである。

この話で笑った人は、動画と文字を同時に読んでジョイスティックを動かせるか、自問してほしい。できると答えた人はゲーム世代であり、それができないマンガ世代は、（嗚呼、歴史は繰り返す）

もはや彼らから笑われる立場なのである。

新しいハードに新しいソフトを

どうやら、読むという行為に別な回路を持った新しい世代が登場したようである。電子書籍コンソーシアムの発足時に、「今のコンピュータの液晶画面では文字は読めない。もっと高精細にすれば、きっと電子出版は売れる」と何度となく聞かされた。もちろん高精細ディスプレイを必要とする人たちはいる。それは静止した紙面の上で文字を読む回路しか持たない、旧世代の人たちである。

CD－ROM百科事典を一度使うと、事典などリファレンスが紙に戻ることはないと思う。それは単に紙をCD－ROMに置き換えただけではない。遠いルーツは一緒でも、事典はパソコンにふさわしい検索機能を得て発展したことで受け入れられたと考えたい。

「誰も古いワインを新しい皮袋に盛らない」ように、新しい皮袋には新しい酒を盛るのが一番よい。紙面の延長では決してないディスプレイという器に、新しい世代は何を盛るのだろうか。

三位一体から何でもありのオンライン書店

99年、出版界の総販売金額は3年連続の前年割れとなった。同年の出版界10大ニュースを考えると、「マイナス成長」がトップニュースとなるのは間違いなく、何とも憂鬱な話である。売れないのは何も出版物だけではないが、長引く不況下で電子商取引（ＥＣ）だけが一人気を吐いている。

出版界としても電子商取引やインターネットによる出版販売により、新たな販売チャンネルを確保せざるを得ない。

10大ニュースの2番目は、この「インターネットを利用した販売の多様化」であろう。ついでに3番目であるが、僕としては「オンデマンド出版サービスの相次ぐ参入」をあげておきたい。1999年を「オンデマンド出版元年」と呼んでよいと思う。

オンライン書店第2世代

アマゾン・コム対策として洋書から始まった日本のオンライン書店であるが、ここにきて各社のサービス内容も充実し、売上規模からも第2世代に入ったといえる。とくにサービスの点で紀伊國屋書店「ハイブリッドウェブサービス」や日販「本やタウン」が始めた書店店頭の在庫情報公開は注目である。これは米国巨大書店チェーンのバーンズ&ノーブルが運営するサイトでもまだ行われていない。例えば日販「本やタウン」では、初めにトップページに表示された大型書店4店のいずれかを選ぶ。そこで150万点に及ぶ書誌データが検索でき、その結果、書店店内、日販、出版社それぞれの在庫情報が表示される。さらに書籍の調達日数がわかるのだ。

ベストセラー本は、出版元や取次に在庫がなくとも書店にあることがある。注文に応じて出荷していたらブーム後に多量の返品がくることになる。そこで出版社は出荷調整するのである。ベストセラーが品切れで近所の書店に注文しておいたら、なかなか入荷せず、同時に大型書店では山積みになっていたりするのは、このため

オンデマンド出版……オンデマンド（要求があり次第）印刷により作成した出版物の製作・販売。

日販……正式名は日本出版販売。トーハンと並ぶ国内2大出版取次の1社。

である。注文した書籍が即納されるか取り寄せる必要があるのか、さらには品切れなのか、単品管理できるようになった意義は大きい。

枠組みの変化の始まり

オンライン書店の運営団体を業種で分けると、書店、出版取次、出版社、それに異業種参入となる。出版社のウェブサイトで直接読者に販売するサービスは、当初書店や取次に遠慮していたものが、ここにきて大手、中小を問わず本格化している。自社出版物の販売が原則であるが、変わったところでＰＨＰは書評８０００点以上をデータベース化し、他社の本でも注文に応じている。

書店では紀伊國屋書店の売上がおそらく20億円に達する勢いである。また三省堂書店がＪＲ東日本などと提携して、埼京線駅コンビニでの書籍の受け渡しサービスを開始した。しかし、出版社や取次ならまだしも書店が自社店舗以外で受け渡ししたら、リアルな書店の存在はどうなるのだろうか。もう何でもありである。

取次各社ではトーハンがセブンイレブン、ソフトバンク、ヤフーと組んで、「イー・ショッピング・ブックス」のサイトで注文を受けた書籍を、セブンイレブン店頭で渡すサービスを始めた。このサービスが発表されるや書店業界に激震が走った。ただでさえコンビニには雑誌の売上の多くを持っていかれている。何しろほとんど雑誌の売上だけで、セブンイレブンは紀伊國屋書店を抜いて日本一の書店（！）なのである。さらに書籍を2日で届けると発表したのである。日頃、売れ筋の配本は滞りがちで、注文は1週間以上も待たされることがある。

書店人が激昂するのもわからないではないが、本当に1週間が2日になるとしたら、それこそ新しい技術の成果である。インターネット時代に縄張り意識で旧来の商習慣を縛ることはできない。出版社、取次、書店を従来から「三位一体」と呼んできたが、その枠組みの変化が、今始まっている。

大活字@オンデマンド出版を出版社自らで！

パソコンで辞書を引く恩恵は、膨大なデータベースに対する多様な検索はもちろんだが、文字を拡大して読める点もある。T-Timeを利用して拡大文字で読書を楽しむ人も多いという。僕の場合順番が逆で、もっぱら便利なだけで辞書はパソコンに頼ってきたが、ある時手元にあった紙の英和辞典を引くと、なんだか読みにくい（余談だが「紙の」本と断らないと区別が付かなくなってきた）。パソコンを使っていて気づかなかったのか、そのために老眼が始まったのか知らないが、この歳で老眼気味と気づいたときはショックだった。CD-ROM『新潮文庫の100冊』が高齢者によく売れたというのも実感として理解できた。ディスプレイで文字を読むことも、そこに必要があれば読者は集まるのである。

読書環境のバリアフリー

高齢化社会になるにつれて、バリアフリーなユニバーサルデザインが求められている。例えば、テレホンカードの手元側を示す小さな溝などである。個人的には大きなボタンの大画面携帯電話があってよいと思う。情報機器にはアクセシビリティという概念もある。

別にマクルーハンを持ち出さなくても、人の情報や知識を得る機能を携帯電話やパソコンが拡張し豊かにしたことは間違いない。まして高齢者や障害者にとって、見る、読む、聞くといった行為を補完する役割として重要である。

BODの有意義な使い方

オンデマンド出版は今やブームとなって、本格化する前から過熱気味である。品切れ絶版本市場ではニッチにすぎないことは誰でも知っている。「売れないから重版しないんだ」という出版人の開き直り的発言は別として、せっかくの技術を有効に使えないだろうか。

そう考える中で、「拡大写本（大活字本）」に出会った。普通の活字では読むことが困難な弱視者にとって、ディスプレイではなく優れたメディアである紙に大きな文字で読むことがよいに決まっている。視覚障碍者読書支援協会（ＢＢＡ）の資料によると、視覚障害（碍）者は全国で約30万人、そのうち6割から7割が弱視者といわれている。行政における広報は点字や録音テープはあっても大活字版はなく、弱視者の存在が認識されていない。さらに言えば、全盲者の約2倍、点字使用者の約6倍の弱視者に対して、拡大写本のボランティアは点訳・音訳ボランティアの十分の一以下であるという。それも必要を要する弱視の児童生徒用教科書づくりにほとんどの力が注がれてきた。つまり大人の読書欲を満たす大活字本はまだ少数で、逆にいえば弱視者は読書機会を失っているのである。

大画面携帯電話……現在ではＮＴＴドコモから「らくらくホン」シリーズとしてユニバーサルデザイン配慮の製品も出ている。

マクルーハン（１９１１〜１９８０年）……ハーバート・マーシャル・マクルーハン。カナダ出身の英文学者。「テクノロジーやメディアは人間の身体の拡張である」などの主張で斬新なメディア論を展開した。

ＢＢＡではパソコンやワープロによるテキストデータ入力を行い、弱視者の視力に応じて文字の大きさなどもカスタマイズして印刷製本している。つまりオンデマンド出版なのである。ボランティアが自分の気に入った本をテキスト入力する方法と、弱視者の求めに応じて本を入力する方法がある。青空文庫が著作権の切れた本のアーカイブに対し、著作権のある本を扱っているため、著作権者の許諾をとる作業もともなっている。

大活字本専門の出版社である（株）大活字はつい先日『五体不満足』の大活字本を発行したが、本文22ポイントゴシックにより3分冊（各２０００円）となっている。多くの書籍は本文9ポイント明朝である。単に拡大しただけではダメで、定価も必然的に高くなる。

社会的役割を考えれば、これこそ出版社自身が手がける仕事である。オフセット印刷で通常の本を出版するとともにオンデマンドで大活字本を出版すればよい。ワンソースマルチユースで価格も抑えられる。著作権の許諾も取りやすいし、出版権でもめることもない。オンデマンド印刷の技術がもたらした意義ある出版である、と今は真剣に考えている。

BOD……ブックオンデマンド＝オンデマンド出版の略称。必要なときに必要な部数だけを生産する出版形態。

拡大写本……内容はそのままで本文の活字の級数を大きくした書籍。級数は14〜25ポイントを用いることが多い。

最低のインターフェースと最強のコンテンツインフラ

始発駅から座って通勤するようになってから、大抵はノートパソコンで何かをしている。このような原稿を書くことも多いが、どうやら周りを見回すとこれは旧世代に属するらしい。隣の女性はポケットボードでメールを書いている。メーカーの技術者がポケットボードを商品価値が低いと反対したことは有名だが、オジサンにはワープロとメール専用機の違いがわからなかったのである。それは文章を書くという個人的作業とメールを書くというコミュニケーション活動の違いに気づかなかったともいえる。

とは言うものの、僕自身多少見くびっていたのがケータイメールとiモードの普及である。最近は携帯電話でメールをしている人が、車内で目に付くようになった。

ケータイメールの普及

99年暮れ、クリスマスプレゼントでPHSを手に入れた娘は、電話代がかかるという理由で友達とのやりとりをほとんどメールで行う。娘と出先で待ち合わせたときなど、居場所を頻繁にメールでよこすのである。「今、ホーム」「改札口に来た。もういる?」とか。かつてポケベルを駆使する高校生に驚いたことがあるが、テンキーから仮名漢字変換して入力する速度にはさらに驚かされる。親としては苦労して覚えたブラインドタッチもかたなしである。最近、格闘ゲームの要素を入れたタッ

ポケットボード……97年にNTTドコモが販売したメール専用端末。メール送信料が高かった当時、携帯電話に接続して「10円メール」がキーボード入力で送信できた。08年2月にサービス終了。

PHS……パーソナル・ハンディフォン・システム。基地局を経由して屋外で電話機として使用できる。当初は子機から始まり、第二世代デジタルコードレス電話として開発が進み、規格が作られた。

チタイピングソフトが売れているが、今にテンキー入力の練習ソフトが売り出されるのではなかろうか（まさか、まだないですよね）。

iモードによる電子商取引

99年度から00年度にかけて、IT革命で3つの逆転があるという（日経産業新聞00年1月21日付）。1つは99年度の携帯電話の加入台数が5700万台となり、固定電話を抜き去ったこと。100年かけて整備された固定電話は主役の座を明け渡したのである。さらに00年度ではパソコンの出荷台数が1000万台を超えテレビを抜くと予想される。同時にデータ通信量が音声電話の通信量を逆転するという。

身近なiモードの普及を考えても容易に想像がつく。サービス開始からわずか1年余りでほぼ500万ユーザーとなり、多くのホームページがiモード対応となった。情報提供サービスもかなり増え、本の注文もできる。ニフティの利用者がおよそ370万人というから、その急成長ぶりがうかがえる。

このインフラがすごいのは、完全に携帯される個人ユースの廉価なインターネット端末としてだけでなく、ユーザーに溶け込んだ課金システムが組み込まれている点である。電話料金とともにサービスの請求が行われたものに、かつて急速に普及し社会問題化すらしたダイヤルQ2がある。これは情報を商品として販売できるIT革命の先駆け的ツールであった。iモードが消費者の電子商取引（EC）を強力に進めるのは間違いない。

ニフティ……インターネットのサービスプロバイダ。

ダイヤルQ2……電話回線を利用して有料の情報を受け取れるサービス。利用者を意図しないサイトに誘導し、高額な通信料や情報料を請求するトラブルが問題となった。

電子商取引実証推進協議会とアンダーセンコンサルティングがまとめた日本のEC市場調査では、04年の市場規模は6兆6620億円で、前年の約20倍に拡大する。そのうち書籍は1350億円と予想される。そのなかでiモードは、書籍といった物理的な商品の受発注だけでなく、デジタルコンテンツの流通と容易な課金という重要な役割を担っていく。

「品質」以上に求められる何か

iモードが多少大きな画面といっても出力装置としてはたかが知れている。それに入力装置はテンキーボードのみ。インターフェースとしてはどちらも最低の部類である。それがコミュニケーション分野でもコンテンツ流通にしても強力なツールとなって社会変化をもたらそうとしている。ここにはゲームボーイの劣悪な画面でもユーザーを熱中させることと共通する何かがある。品質以上に求められるものがある、という点でオンデマンド出版にも共通するかもしれない。

本の値段はパッケージ？　読書体験の値段は

大学が定期試験の季節になると、アルバイトに熱心だった学生や就職活動中の学生もキャンパスに戻って賑わうことになる。この頃大学生協の書籍部から、春に販

ゲームボーイ……任天堂が89年4月に発売した携帯型ゲーム機。4階調のモノクロ液晶を採用したが、反射に弱く液晶ベース色が黄緑色で視認性が悪かった。

売した教科書のうち何冊か注文が入り始める。大抵が試験に「教科書の持ち込み可」と発表された本である。必修教科ですら教科書の販売率はかなり下がっている。授業開始時に新規購入者は6割程度。以前は先輩からもらったり古本でそろえたが、今はまるっきり持たない学生もいる。これは教科書出版社や生協書籍部の共通の悩みで、懇意の先生には持ち込み可をお願いしたりする。

この時期、夜遅くまで残業していると、青い顔した学生が本を買いに来る。時間が時間であり、学生には直売はしない。「生協に在庫がなくて、迷惑してるんです」今頃買いに来られるこっちの方が迷惑である。明日が試験で、持ち込み可だな、とわかる。「教科書は高いですよ」と学生が言う。「パソコン書なんかオールカラーで1400円ですよ。この本モノクロで倍の値段じゃないですか」。そこまで言われるとただではおかない。

本の値段は高いか

一晩しか本を開かなければ高いと思う。でも春に買って毎週授業に使っていれば時間対コストはもっと安くなる。だいたい学生時代に習ったことは、社会に出てから必要になるものである。教科書を真剣に勉強して、その分野の職業人になった後も何度も読み返すことがあれば本は安い。医者を100人集めてくれれば、子供の頃野口英世伝やシュバイツァー伝の本に感動した人は必ずいる。本の読書体験がじっくりと将来の道を決めているのである。

「もしこの教科書がきっかけでCGに興味を持って卒業研究を選び、CG分野の会社に就職したとしたら、この本にいくらの値段を付ける？　君の人生を決めるかも知れないのに3000円ってことはないだろう」と、ここで僕はかなり熱くなって「画像処理工学」の本を学生の目の前30センチに突きつけながら話すのである。

コンテンツに値段が付くか

本の値段は、よく「紙刷り製本」と言われる。文字通り、紙代、組版印刷代、製本代を印刷部数で割った値段が基本である。『情報様式論』の中で、マーク・ポスターは「消費者たちは書籍の製造に対して支払っていたのであって、公共図書館でただで利用できるその中の情報には支払わない」「情報はそれが出荷されるパッケージと分離できないものであり、このパッケージに価格票がついていたのである」（室井尚・吉岡洋訳、岩波書店）と書いている。

作り手はパッケージングの費用から価格設定し、読者もパッケージにお金を払って購入している。内容に自信があるから、名著だからと高い値を付けたり、感動したからといってお金をたくさん払うことはない。もちろん、つまらないからといって半額しか払わないこともない。読書体験に値段が付けられないように、コンテンツに値段はつかないのである。

情報流通の主役を担ってきた本は、パッケージに値段を付けて流通することでコスト回収のビジネスモデルとした。ブリタニカ百科事典が紙からCD-ROMとなって価格を下げ、さらにウェブで公開されてとうとう無料となってしまった。デジタル出版が難しいのもここにある。インターネットの情報はタダ、と言われるが、それはインターネットだからではなく、コンテンツだけを配信できる仕組みを持ったとき、初めて気づいた事実だったのである。

コンテンツからお金を取れない。それは「未だに」であり「これからも」かもしれない。読書の価値は読み手が見い出すものであり、抽象概念はお金に換算されることを拒否している。

同様にハードと切り離されたコンテンツは、重さを失うことで抽象概念に近い存在となったのかもしれない。

キングショックはネットに乗って

00年7月24日、人気作家スティーブン・キングが自分のウェブサイトで新作シリーズ『植物（The Plant）』を1ドルで直販し始めた。彼にとってオンライン出版は3月にサイモン&シュスターから発売された電子書籍（eブック）『弾丸に乗って（Riding the Bullet）』に続く第2弾である。

このときは、最初の40万部を無料にしたこともあり、数日で50万部の販売。バーンズ&ノーブル・コムでは8時間で17万3000部ダウンロードされたという。実に1秒に6冊が飛ぶように売れたことになる。作家によるインターネット直販は米国でかなりのマーケットをとりつつあるが、それでもキングほどの超ベストセラー作家が取り組むことはなかった。その後の影響や話題性を考えるともう事件である。彼が弾丸（オンライン出版）のトリガーを引いたのは間違いがない。

前払いシステムにとっての脅威

日本の作家は雑誌に連載し、まとめて単行本とすることが多い。作家にとっては毎回原稿料が入り、出版社にとっては文芸誌が赤字でも本の出版権を得られるという持ちつ持たれつの関係である。

一方、米国ではアドバンスといわれる前払い印税が契約出版社から執筆前に支払われるため、作家は安定した仕事を続けることができる。余談だが大物作家はやり手のエージェントと組んでおり、アドバンスは高騰気味である。何しろ作品が完成しない場合でも返金の必要なしという条件付きで、10万ドルの前払い契約が成立したりするのである。

長編小説を雑誌に発表するときは作品の一部に限って掲載する。雑誌は売上を伸ばせる一方で、単行本発売のプロモーションを担うことになる。00年3月27日付『タイム』誌ではコンピュータに入ったキングが表紙を飾った。彼は記事の中で、『ニューヨーカー』や『プレイボーイ』に66ページの短編『弾丸に乗って』を掲載すれば原稿料は1万ドルだが、今回の原稿収入は最終的に45万ドルになると語っている。これは従来の雑誌掲載システムを覆す。雑誌社にとってかなり脅威である。

75％の支払いで連載継続

さらに今回の『植物』では、出版社を通さずインターネット直販とした。そのため、かなりこった仕掛けをしている。作品はシリーズで発表し、次回が8月掲載である。そのときに75％以上の読者が「正直に」1ドル支払えば3回目を9月に掲載する。否であれば連載終了（pull the plug）という。

キングはたびたび革新的な作品発表を行っている。映画化された『グリーンマイル』では、ペーパーバック（ソフトカバー）による分冊連載発売であった。このときの経験から、連載は回を追うごとに読者の興味が冷めるため、『植物』では掲載分量を段階的に増やすという。価格は4回目から2・50ドルとする。

ファイルはPDFを推奨し、ほかにテキスト、HTML、電子書籍（eブック）にも対応している。

ＰＤＦからプリントアウトすることを認めており、かなりの読者が紙で読むのではないだろうか。『弾丸に乗って』では電子書籍形式だけであり、プリントアウトはできなかった。

91年、ロス・アラモス国立研究所のポール・ギンスパーグは編集担当の学術雑誌をインターネットで配信し、欧米の学術商業出版社を震撼せしめた。学術ジャーナルの急速な電子化を促したこのトリガーは、彼の名に因みギンスパーグショックと言われている。

ならばキングにより出版界全体にもたらされた衝撃は「キングショック」として記憶されるだろう。作家による直販はこの先、かなり激しい動きとなりそうである。

PDF……ポータブル・ドキュメント・フォーマット。米国アドビシステムズ社が開発したデジタル文書ファイルフォーマット。

【コラム】

無料の先駆け　忘れられた90年代電子書籍ブーム

スティーブン・キングの無料キャンペーンは、今、流行言葉となった「フリーミアム」という言葉で括ることができる。米国『ワイアード』の編集長クリス・アンダーソンが『フリー――〈無料〉からお金を生み出す新戦略』（NHK出版、09年）で広めた「フリーミアム」は、無料サービスをキャンペーンに使ったネット経済モデルである。「フリー（無料）」＋「プレミアム（割増料金）」の造語で、例えば基本サービスを無料で提供して顧客を広く集め、その何割かに有料で高機能のプレミアム版に移行してもらうという手法だ。同書籍の翻訳書が発売される際に、NHK出版はウェブ版の1万人限定無料ダウンロードキャンペーンを行い、話題づくりに成功した。

また講談社は五木寛之の『親鸞』上巻を発売5ヵ月後にインターネットで無料公開し、冊子版の売上増に成功している。さらに同社は、京極夏彦の『死ねばいいのに』をiPadで販売する際にも同様のキャンペーンを行っている。

これについて講談社は2010年6月10日、「インターネットで無料公開している五木寛之『親鸞』（上巻）へのアクセスは、8日までで37万を超え、冊子版の売れ行きは公開前に比べて上下巻とも25％以上伸びている」とし、また、『死ねばいいのに』iPad版は「5月28日の発売から6月1日までの5日間で1万ダウンロードを超え」、初版4万部だった冊子版は電子書籍発売後の6月1日に3刷を決定し、目標としていた7万部に達した（出版業界紙『文化通信』ニュースによる）。

ただ、電子書籍発売のキャンペーンとして、キング以降、連綿と続いていたわけではない。むしろ、最近まで、キングの成功はすっかり忘れ去られていた。事実、『フリー』の中でも書籍の無料キャンペーンとして紹介されているのは、08年のニール・ゲイマン『アメリカン・ゴッズ』である。

いや、90年代末の電子書籍ブームが忘れ去られていた、というべきかもしれない。しかも、その失敗はいまだ正しく検証されていないままである。

コンテンツとオンデマンド

２００１年１月〜２００２年12月

20世紀末の本の話題　21世紀の本のかたち

21世紀という新しい時代が始まろうとしている。人によって様々な21世紀像があり、『2001年宇宙の旅』の宇宙観を持つ人も、『ブレードランナー』の退廃的未来像を持つ人もいる。で、僕のイメージは『鉄腕アトム』であり、科学技術が作り上げた理想郷である（ドラえもん世代より先輩である）。アポロ11号の月面着陸や、大阪万博のタイムカプセルにワクワクした僕にとって、21世紀は輝ける未来以外の何ものでもない。

ところが、いつのまにか21世紀は夢を託す時代ではなくなった。最近、広告でサンダーバードやスーパージェッター、ウルトラセブンが活躍しているが、おそらく僕と同世代のプロデューサーが作ったに違いない。もはや夢を描けなくなった世代の「夢の21世紀」に対するノスタルジーである。

20世紀末の本の話題

その中でＩＴは、20世紀の最後にぎりぎり間に合った新世紀へのパスポートである。インターネットはドラえもんの「どこでもドア」に例えられるように、かなりＳＦ的である。00年の出版界10大ニュースでも、ＩＴ関連が上位を占めるだろう。まず、大型オンライン書店の登場がある。ＴＲＣ、日経ＢＰ、日経新聞などによるｂｋ１。ドイツの巨大出版コングロマリットであるベルテルスマングループ

ＴＲＣ……図書館流通センター。図書館専用の書誌情報や図書館用図書の在庫などの物流、図書館運営業務受託などのサービスを提供する。２０１０年に丸善と経営統合し、共同持ち株会社「ＣＨＩグループ」を設立した。

ｂｋ１……ＴＲＣ内のビーケーワン事業部が運営する。00年に事業を始め、ほかのオンライン書店事業も受託し、サイトと流通インフラを一体とした運営を行っている。

のBOL（ベルテルスマン・オンライン）。最後に真打ちアマゾンの登場。いずれもスタートにあたって、送料無料サービスを打ち出すなど、過熱気味である。

米国出版界では、電子書籍（eブック）がトップニュースになるのは間違いない。スティーブン・キングは『弾丸に乗って』によって電子書籍のトリガーを引いた。そのキングの長年の発売元でありながら、電子書籍第2弾『植物』では袖にされたサイモン&シュスターもマリー・ヒギンズ・クラークの既刊全作品を電子書籍形式で出版開始するなど積極的である。ついで、マイクロソフトは「ポケットPC」の販売戦略として、マイケル・クライトンの最新作『タイムライン』の電子書籍版を無料配信している。

日本の電子書籍コンソーシアムでは、液晶表示による専用読書装置の話題が先行したが、米国ではハードからPCを利用したソフトウェアリーダーへと、この1年で舵が切られている。

全米最大の書店チェーンであるバーンズ&ノーブルはかなり積極的に電子書籍やオンデマンド出版に投資をしている。オンライン書店でアマゾン・コムの後塵を拝したが、その二の舞を演じまいという強い意志を感じる。一方、オンライン書店での仇敵アマゾン・コムは当初電子書籍に否定的であったが、キングの『植物』では課金システムを独占的に担っている。

国内では、文庫出版8社による「電子文庫パブリ」のサービスが開始され話題と

ポケットPC……WindowsCE搭載の携帯用電子端末。

電子書籍コンソーシアム……出版社、端末メーカー、通信業などの9社により98年10月に発足。電子書籍の普及のため、標準化や著作権問題、流通体系などを検討したが、00年3月末で解散した。左写真は実証実験用端末。

なった。さらに現在、オンライン書店でトップの売上を示す紀伊國屋書店がマイクロソフトと提携し、電子書籍のコンテンツ配信を発表した。

21世紀の本の形

出版界の集まりで、友人がデジカメ内蔵リストウォッチで、嬉々として撮影していた。彼にとっては30年前のウルトラ警備隊のリストウォッチが現実になったのである。「本の未来」という言葉がよく使われるのは、おそらく本とＩＴの出会いが、21世紀に劇的な変化を予感させるからだろう。

電子ペーパーで読む百科事典なんて、アトム世代から見れば、ＳＦ的でワクワクする。ただ、アトム世代は、紙の本が未来永劫と信じて育った世代でもある。ケータイを持った中学生にとっては、劇的でも何でもないかもしれない。

ともあれ、21世紀の幕開けである。時間は連続的につながっていながら、変化は突然やってくる。未来が直線的な延長上にないことは歴史が証明している。案外21世紀の本は、形を変えて、すでに登場しているかもしれない。

デジタルコンテンツの複製に見る教育機関での著作権

ある人物から、僕が勤める出版社宛に匿名で電子メールがきた。告発というと言

電子文庫パブリ……電子書籍のオンライン書店。現在、出版社20社が加盟。

オンライン書店……ＢＯＬはｂｋ１に事業譲渡し、02年に撤退。近年はアマゾン・ジャパンの独走態勢となってきた。

電子ペーパー……極薄でデータの表示や消去ができるディスプレイの総称。電源を切っても画像が残るのが特徴。

葉はきついが、その類である。第一報は「そちらの出版社が出した本を大学の授業でコピーして使って教えている先生がいます」である。いわゆる匿名アドレスではなく、彼自身（彼女かもしれない）も詳細を教えたいからと、まず返信を要求している。

個人的なメールのやりとりを行って、何大学の先生で、どの本を使った授業かまでは聞き出した。ただ、それ以上がわかったわけではなく対応に悩むところである。学生が義憤に駆られての告発であり、それが事実であったとしても、教育機関での複製行為が直ちに不正とはならないのである。

文化発展のため著作権の制限

著作物は、私的利用など、ある条件下では著作者に断りなく複製利用できる。その1つに「教育機関での複製」がある。教育を担当する先生が、自分の授業に使用するためならば、小説の一部分を複製したりできるのである。もちろん1冊の本の全部を複製したり、ワークブックのように生徒が1部ずつ購入することを目的とした教材は認められない。

では、大学の教科書はどうだろうか。本の内容や分量にもよるが、一般的に授業は学生1人1人が教科書を購入することを前提として成立しており、複製は著作権者の経済的利益を不当に害することになると言ってよい。ところが、多くの教員は例外なく複製が許されると思っている節がある。コピーによるダイジェスト版を作り業者に印刷させていた例もあった。これはご丁寧に本人が「念のため」と称して送ってきたのでわかった例である。

eラーニングの教材

現在も著作権法の見直しが検討されている。その1つにネットワークにおける教育教材の配信がある。教員が教室でコピーを配布できるように、閉じた学校LAN内であれば、コンテンツ配信に著作物の複製利用を認めようというものである。これはeラーニングのための法整備の1つである。

「リアルな授業では教材をプリントして配れる。同様に、よい教材を増やすため、バーチャル授業でもデジタルコンテンツをコピーして利用できるようにしたい」。ある研究会でリーダー格の研究者が堂々と発言されたのには驚いた。発言が記録されており、その場で反論させていただいた。

「世の中にある大多数の教材は、商業的な出版活動により製作されている。教員のボランティアで無償に配布されている教材は極めて少ない。それもこれも著作権法の整備により、『業』としての著述や出版が成立しているからである。短絡的な規制の緩和は、結果的に学術文化の衰退につながりかねない」。幸い発言者は、「言葉が足りなかった」と認め、ネットワーク時代には著作権の集中管理システムが必要であるとした。

著作権制度は、グーテンベルグによる印刷術の発明までさかのぼると言われる。〝copyright〟は文字通り、印刷により「複製する権利」として成立してきたルールである。複製にはコストも手間暇もかかったのである。それがコピー機の普及により版面をそのまま複製することが容易になり、さらにデジタル技術の登場によりコピーは劣化しなくなった。状況は急速に変化している。世界知的所有権

eラーニングの教材
……「同一構内の無線LANによる送信の除外」は07年に改正された。

世界知的所有権機構
……全世界の知的財産権保護の促進を目的とする国際連合の専門機関。1970年に設立され、本部はスイスのジュネーヴ。メンバーは184ヵ国、66の非政府組織である。

機構（ＷＩＰＯ）により対応が急がれ、国内の法改正も頻繁である。今では、データを送信するだけでなく、ウェブサーバにデータを置く行為も、いつでも「公衆送信が可能」であることから、著作権が及ぶと改正されている。

ただ、インターネット文化が著作権に寛容であることや、フリーソフトの出現、シェアウェアというビジネスモデルの成立など、著作権の概念が大きく揺らいでいる。紙の印刷時代に成立した著作権制度を拡大することで、どこまで対応できるだろうか。

電子書籍に未来はあるのか　紙読書の優位性

最近、日本でも電子書籍が話題である。全国紙でもたびたび取り上げられているので、一般にもかなり認知されている。

確かに00年、米国における電子書籍はかなりドラスティックな動きを示した。当初、ベンチャー企業による液晶読書専用端末の開発競争であったが、専用機で先行していたヌーボメディア（ロケットeブック）とソフトブックのライバル社同士が、ビデオ録画システムで巨額の利益を得たジェムスター（ＲＣＡ）に吸収された。これでハードのデファクトスタンダードが決まるかと思えたが、むしろマイクロソフトの参入、アドビのグラスブックの買収により、大手2社によるソフトウェアリーダーの主権争いの様相を呈している。

マイクロソフトはもともと同社の携帯端末であるポケットPCに組み込まれていたリーダーを、マイクロソフトリーダーとしてWindows PCでも使えるようにした。一方、アドビはアクロバットリーダーを電子書籍用に使いやすくカスタマイズして、評判だったグラスブックリーダーを会社ごと買収した。01年になってアドビeブックリーダーとしてバージョンアップ。Windows版の配布に続き、近くPalm版等マルチプラットフォーム化するという。

キングの連載中断

これらの動きにスティーブン・キングによるオンライン出版が衝撃となって重なる。めまぐるしいまでの動きの結果、専用ハード、ソフトウェアリーダー、さらにデジタルコンテンツと見事にそろった1年であった。これで流れが決まったかと思えたが、現実はそう簡単ではない。キング自身によるオンライン出版第2作『植物』だが、なんと00年末で休載となってしまったのである。第1章は12万部で、支払い率もキングが連載継続の条件とした75%をかろうじてクリアしたが、第4章では4万部、支払い率46%までダウンした。休載についてキングは彼自身のウェブサイトに詳しくコメントしており、今回の収支決算まで明かしている。

データ量は1章1メガバイト程度で、全部買っても13ドルである。PCの画面の大きさであれば、専用端末より読みやすいし、プリントアウトも可能であった。何よりもキングほどの人気作家の新作である。それでもダメなのだから結論は簡単に

ロケットeブック……左写真。

palm……パーム。96年に発売したPDAおよび搭載OSの総称。

出る。誰も電子書籍で小説を読みたいとは思わないのである。もちろん皆無とは思わないが、かなりニッチだろう。紙の代替物なら紙の方がよいに決まっている。

電子書籍の最良コンテンツ

電子書籍の利点というと、よく言われることは「可搬性があって多量の本を収納できる」「品切れがない」「低価格」である。でも、無人島で暮らすのでなければ、一度に100冊からの読み物を持って行くことはない。品切れがないというのも理屈上であって、売れなければ今回のように掲載中止が容易に起こるだろう。低価格ということに関しては、あまり期待できない。CD-ROM化が先行したリファレンス類は、原本となった紙の本が何十巻とあって数十万円したものもあった。かなり安くなった百科事典もある。

一方、電子書籍が対象としている小説などの単行本は、すでに文庫本で数百円台の低価格を実現している。米国の電子書籍でもせいぜい2割引きであり、電子文庫パブリでは同じ価格設定もある。利点はほかにあるに違いない。でも誰も電子書籍に向いたコンテンツを見つけ出していない。

そんなこと初めからわかっていた、と聞こえてきそうなものだが、日本では、これから本格的に小説や漫画の配信に取り組もうとしている。電子書籍コンソーシアムの失敗に学んだことは、ハードからソフトへの方向転換だけなのか。米国はさらに先にカーブを切ろうとしている。

「所有する」本と「使用する」電子書籍

初めから宣伝めいて恐縮だが、若手研究者を訳者に『コンピュータ音楽』という1200ページを超える大著を翻訳出版した。キーボードを鉛筆代わりに、メモを取るようにPerlスクリプトを書き、紙よりもディスプレイで文字情報を読む研究者たちである。翻訳にあたってもコンピュータとネットワークなしには進まない。

まず、著者からTeXの原稿データを入手し、ノートパソコンにすべてをインストールする。さらに、英文一段落ごとに和文翻訳していけば、最後に一括で和訳だけのTeX組版ができるようにPerlでスクリプトを書いた。また訳語が安定していない専門用語が多いため、索引項目を辞書として登録できるシステムを作った。そして登録単語は原文が赤く表示され、クリックで訳語がポップアップするようにした。

ここまで準備してから、分厚い原著を持たず、いつでもどこでも翻訳を始めたのである。彼らと仕事をしてから、僕も電車の中でパソコンを使うようになった。訳者の一人とは同じ路線で帰宅するのだが、車内で訳し終えた原稿を降りる間際にメールでもらったこともある。

アドビの電子書籍戦略

販売や今後の企画のために、原著の出版社であるMITプレスの類書を調べてい

---

perl……パール。プログラミング言語の1つで、Webページの掲示板やチャットなどのCGIやシステム管理、テキスト処理などのプログラムを書くのに用いられる。

TeX……テフまたはテック。数学者・計算機科学者ドナルド・クヌースが開発した数学組版に強い無料の組版処理ソフトウェア。

たら、先シーズン出版されたばかりの関連学術書が、もう電子書籍として販売されていた。フォーマットにはＰＤＦ　ｅＢｏｏｋと書かれている。

これは01年になって正式にリリースされたアドビｅブックリーダー用のファイル形式である。ＰＤＦを電子書籍専用にカスタマイズしているため、アクロバットリーダーでは読むことができない。もともとは00年に買収したグラスブック社が開発したソフトをバージョンアップしたもので、アクロバットリーダーに比べて技術的にも評判がよかった。アドビはマイクロソフトに遅れをとっていた電子書籍分野で、評判のソフトを買収することで挽回をねらったのだ。自社開発よりも買収で成長してきた同社らしい戦略である。

スティーブン・キングのオンライン小説休載により、米国では各社の電子書籍戦略に見直しの兆しを感じる。なかでもアドビの方向転換は早く、学生や研究者のための専門書と、ビジネスマンのための最新情報提供を柱にしている。アドビはアマゾン・コムやバーンズ&ノーブル・コムとも提携しているが、ラインナップを見た限りでは同社のｅブックストアのほうが充実している。ＭＩＴプレスのほか、マグロウヒルなどの専門書もかなりデジタル化されている。

電子書籍が2割引は高いか

多くの本がリストプライスに対し2割引きとなっている。米国に再販制度がないことは知られており、アマゾン・コムの登場以来、どの本も大幅に値引きされているイメージである。実際には、ベストセラーや大衆向けの本を除けば、多くは定価販売である。まして学術書や専門書での値引きは少ない。なお、オンライン書店でも値引率は減っている。利益を生まない値引き競争が株主訴訟につながる恐れがあったという。

紙の本に対し2割引きを安いととるか、高いととるかは考え方である。一般に日本の読者は本の情報価値にお金を払っているのではなく、パッケージにお金を払っている。本の値段は「紙刷り製本」で決まるとすでに書いたように、コンテンツによって価格を変えることはあまりない。本棚に飾ることもできず、手にずっしりと感じることもないデジタルコンテンツが、紙の本のたった2割引で読者は満足するだろうか。

一方、『コンピュータ音楽』の訳者たちは、高くてもいいからデジタルデータがほしいと言う。彼らは時に、「所有する本」ではなく、「使用する情報」を専門書に求めているのである。電子書籍に向いた分野と言える。

すべての講義をネットに公開するMITの挑戦

米国発のITニュースには驚かされることが多いが、マサチューセッツ工科大学（MIT）が01年4月に発表したプロジェクトには本当に驚いた。これからの10年間で、ほとんどすべての講義内容をインターネットで無料公開するというのだ。

MITオープンコースウェア（OCW）と名付けられたこのプロジェクトは、

再販制度……再販売価格維持制度。メーカーが小売業に対し「定価販売」を義務付ける法律のこと。書籍・雑誌・新聞・音楽CD・音楽テープ・レコードの6品目の商品は、著作権保護から再販価格制度に指定され、再販制度の弾力的運用から、書籍の非再販本フェアが行われている。ちなみに電子書籍は指定外の商品に当たる。

01年秋にスタートし、最初の2年半でウェブを利用するためのソフトウェア開発と500以上の講義内容を準備する。最終的には多岐にわたる分野で2000コースの開設を目指すという。利用対象は当然、MITのみならず世界中の学生や教育機関である。ただちに米国国内をはじめワールドワイドで反響があった。特にアフリカ諸国などで経済的な理由から留学したくてもできない人たちから歓迎の声があがっている。

MITの学長はOCWを「アメリカ高等教育とウェブの自然な融合」と、いともあっさり言ってのけた。その拍子抜けするほど単純な表現には、一方で彼ら自身が「前例のない挑戦」と言うだけの自負も込められている。それは自分たちの講義に対する自信とともに、すべてを公開することで、MITで学ぶ魅力は増すと確信しているのである。

すべての人に学ぶチャンスを

もともと個人の所産による発見や知は、パブリケーションされて文字通り「公」のものとなる。生み出され流通することで公有化された知識は、多くの人たちが学ぶ機会を得ることで、再び個人のものとなって、初めて循環する。しかし、あまねく公開された知を個人が獲得するためには、歴史的にも地域的にも対価が要求されてきた。

例えば、「パブリケーション」の訳語である「出版」は知の流通を担っているが、その知の獲得のためには本を買う必要がある。同様に教室で学ぶには授業料を払う必要があるし、大学で生み出されたばかりの知は研究室でしか知ることができない。図書館は誰もが等しく知識を得るために重要な役割を果たしてきたが、それでも訪れて膨大な資料を繰り、時間のかかる手続きを経てやっと一部のコピーがとれるにすぎない。

チャンスは平等に、競争は自由にと考える米国では、知識を得る機会はすべての人々に平等に開かれている。ゴア前副大統領が提唱した情報スーパーハイウェイ（ＮＩＩ）構想のときから、ＩＴは教育の機会均等のために重要な役割を担っていた。インターネットの世界では、知のパブリケーションと私有化が同時に可能であり、両者は同義的ですらある。あとは挑戦的であれば理想が実現される。ここにもＭＩＴが「前例のない挑戦」に臨むわけがある。

出版界へ押し寄せる津波

単位認定も教員との交流もないＯＣＷはｅラーニングではない。ＭＩＴで学び卒業したというレッテルがほしい者は、今後とも大学の門をくぐることになる。学位授与機関としての権威を保つことで、大学ビジネスは不変である。一方、紙の教科書出版社が打撃を受けることは間違いない。ＭＩＴの教授の一人は香港で過ごした少年時代に、父親からもらったＭＩＴの教科書にインスパイア（感化）された体験を持っている。本の力を知っている彼は、ウェブの時代にふさわしい方法で、自らの体験を生かそうとしているのである。

ＯＣＷは他の大学がコンテンツを公開することのモデルとなり、将来、教育のための巨大な資源ができる、とＭＩＴは考えている。正直言って、そんなに煽るなよ、という気分である。彼らの挑戦は「一石を投じる」なんてレベルではない。まさにビッグウェーブが高等教育の壁を越えて出版社にも押し寄せてくるだろう。

講義の著作権は誰のものか？

大学の先生が原稿を書く場合、大抵、昼日中、研究室で学校備品のパソコンを使って書いてますよね。とくに教科書の場合は、執筆に先立つ何年間分の授業での成果、つまり講義ノートをもとにします（優秀な成績の学生から自分の授業のノートを借りて、教科書の原稿を仕上げた先生も知っていますが、それは余談）。先生は教育することで大学から給料をもらっているわけです。さらに言えば本を書くことだって研究業績になるわけで、それも給料対象です。で、質問です。普通の感覚から言えば、これは「法人著作」だと思うのですが、先生は本の印税を個人的にもらっていますか？

講義と教材と教科書の一体化

パネルディスカッションの壇上、僕に質問された教授は、ここで力強く「もちろん」と答えたのである（会場爆笑）。おそらく予備校は教員の執筆に何らかの制限があるだろうし、教員の印税や講演収入を管理しているビジネススクール的な大学も例外的にはある。が、通常、大学教員が教科書を執筆し著作権者になることは教員の自由であり、日本でも欧米でも問題になることはない。

これだけの話ならば、情報社会学の教授と僕で、ちょっと会場の笑いをとったに過ぎない。ただ、この話には続きがある。「講義の著作権は誰のものか？　バーチャル大学におけるコンテンツの著作権は教員にあるのか？」という会場からの質問があったからである。教科書ならば教員のもの。しかし、教員が所属する学校以外で講義を受け持つ場合、つまり非常勤講師となる場合に大学当局の許可が必要なことも、日米の共通事項である。つまり講義は一般講演とは違い、大学の管理下にあるのである。

そもそもオンライン授業のコンテンツは、講義なのか教科書なのか。これについてメディア教育開発センター助教授の吉田文氏は、「講義とも教材とも教科書とも呼べるものであり、デジタル技術による一体化状況が起きている」と指摘している。とすれば、オンライン授業の著作権問題はウェブがもたらした新たな問題となる。

ハーバード大学での事件

すでに米国では、オンライン授業の著作権を争う事件が起きている。ハーバード大学法学部アーサー・ミラー教授が、大学で行っている講義のビデオ録画をコンコード・ロー・スクールというバーチャル大学に売ったことで、大学当局から規則違反と抗議を受けたのである。著名な法学博士として知られたミラー教授の講義ビデオは高い商品価値を持っており、大学当局も別な講義をすでにビデオ化して販売していた。原稿料や講演収入に比して講義ビデオは莫大な売上であり、個人収入となることに大学も見過ごせなかったと言われている。

半年後の00年5月、大学は「他機関でのオンライン授業も許可を有する」といった新たな指針を出すことで決着した。おそらく、これが全米大学の基本方針となっていくのではないだろうか（参照＝吉田文『アメリカ高等教育におけるeラーニング』東京電機大学出版局、03年）。

さて、前話で触れたMIT OCWであるが「大多数の講義のコンテンツを無料配信する」と決める際に、ハーバード大学での事件が念頭にあったことは想像に難くない。その上でMITの教員が著作権をどう考えているのか気になるところである。事実、教授会では熱狂的な賛同とともに、講義内容を有料で提供することから得られる富を手放すことはない、という反論もあったという。その富を手放すのは大学当局なのか教員個人なのか。どのような議論があったのかはうかがい知れないが、プログラムのオープンソース化に対し発展的な貢献をしてきたＭＩＴの結論は、フリーと出たのである。

ＯＣＷの発表から2ヵ月後、早くも2つの民間財団から、合わせて11億ドルの寄付が決定した。ＭＩＴの思惑通りである。

教育と電子辞書　水面下で進む学習辞書市場の崩壊

このところ検定教科書がマスコミをにぎわしている。最近は「歴史教科書」がもっぱらの話題であるが、ひと頃は「ゆとり教育」の犠牲となった理数科教育の後退が批判されていた。最近の教科書は、イラストや写真が増えてカラー印刷が多用され、大判となる反面、ゆとり教育の影響もあってページ数が減少している。

高校生の頃、カバンは教科書と辞書でいつも重かった。それで世界史などとくに厚い教科書は針金綴じをばらし、3分冊にした。表紙を付け、書名をレタリングして持っていったところ、友人の間で評判となり、コーラ1本で何冊も製本を請け負った。愛書家の父親には嘆かれたが、息子は読書より本作りの方が好きだったのである。

紙の辞書の持つ身体感覚

中学校や高校の入学時に、たいてい学校推薦の辞書が教科書とともに販売される。学習辞書は辞書市場の8割を占め、なかでも英和、和英、国語が三大辞書で、高校ではこれに漢和辞書が加わることになる。まじめな学生は何冊も辞書をカバンに入れていたが、辞書だけは分冊にするわけにもいかず、しかたがないので、和英と国語辞書を学校に置きっぱなしにし、英和辞書だけを持ち歩いていた。では、今の高校生はどうするか。携帯電子辞書を使うのである。

中学よりも高校のほうが電子辞書は普及している。この差は辞書の必要性や学習の進捗度にもよるが、学習辞書に対する教師の考え方の違いもある。高校時代の英語教師は、辞書は使い込むほど自分の一部となり「探している単語はつねに1回で開ける」と豪語していた。おそらく、このような辞書信仰が「電子辞書は教育的でない」という否定的な考え方につながっているのだと思う。

携帯電子辞書市場の変化

辞書出版社は、CD–ROM辞典、携帯電子辞書へのコンテンツ提供、ウェブ辞書の運営など、コンテンツ資産を生かして積極的に電子出版分野を手がけている。辞書出版社の担当者によると、電子辞書のシェアが伸びたことで、『コンサイス辞典』のような小型辞書市場が喰われているが、学習辞書への影響は見られないという。本当だろうか？　今の高校生は入学時に推薦辞書を購入するが、ほどなく電子辞書を買い求めている。つまり、学習辞書の市場後退が顕在化していないだけで、下地はできつつあると考えてよい。

携帯電子辞書の売れ行きは、価格や使いやすさもさることながら収録辞書に大きく影響される。

セイコーが収録辞書を学習辞書として一番人気の大修館書店『ジーニアス英和辞典』に切り替え、低価格としたところ売上が急伸したという。ユーザーがビジネスマンから学生に移行している結果、語彙数よりも学習向けの辞書を搭載したほうが良いことになる。

学校教育への電子機器の導入では電卓が先輩である。当初、暗算力が落ちるとして否定的な取扱いを受けていたが、今では電卓の計算力検定の全国大会は「電卓甲子園」といわれ、学校をあげて取り組む例もある。また01年度、慶應義塾大学文学部の入試で英語辞書の持ち込みが可能となり話題となった。教育界では知識の暗記から、知識を利用する力（リテラシー）を問うことに移行している。教育の変化と同期すると、電子辞書の普及も急である。

高校生の間で携帯電話の利用は常識化しており、メール、辞書、乗り換え案内などを器用に使いこなしている。辞書に関して読者は確実に変化しており、出版社の認識が遅れをとっている。

存在を意識させない組版技術の凄さ

大学出版部協会の夏季研修が仙台で行われたのを機会に、01年にオープンした「せんだいメディアテーク」を見学した。その後会場で針生英一さんの講演をセッティング。と言うより、仙台と聞いた時点で針生さんの顔が浮かび、部会見学会のプランニングから講演まですべてお任せしてしまった。針生さんは社長として率いる会社（ハリウコミュニケーションズ）を印刷という枠にとどめず、高齢者とパソコンをつなぐシニアネットの事務局を引き受けるなど、積極的にコミュニティに根ざしたNPO活動を行っている。IT時代の印刷会社として刺激的な存在である。

せんだいメディアテークは市民図書館であるとともにギャラリーやスタジオなどを備えたメディア参加型施設である。伊東豊雄設計で、チューブと呼ばれる鋼管がフロアを支えるデザイン志向の強いユニークな建物でもある。地階には針生さんらの働きで活版印刷機と鉛活字をそろえた「工場」がある。市民が参加できる活字組版のワークショップも開かれている。活字組版を知らない編集者も増えており、見学会のメインイベントとなった。

組版の秘かなルール

普段、本を読むときは意識しないが、読みやすさと組みやすさの両面を実現するために、組版には様々なルールがある。白い1枚の紙に版面という仮想の領域を決め、文字の大きさ、行間、行末処理、ルビと数え上げたらきりがない決めごとを詰め込んでいる。

鉛活字を複雑に組み上げ、長短様々なインテルがその間を正確に支えている。整然と並ぶ活字群を見ていると、手の技だけでなく、長い年月の間に築かれた活字組版の技術に感嘆する。最後に凧糸で縛り上げ印刷機で紙にインクが転写されると、紙の上に残るのは文字が伝える世界だけである。もはや読者の前には重厚な鉛活字

せんだいメディアテーク……美術や映像文化の活動拠点を目指す公共施設。ギャラリーやスタジオ、図書館の機能がある。情報のバリアフリー化にも取り組んでいる。

インテル……活字組版の行間に埋める木製または金属製の薄い板。

も複雑な組版技術もない。読むときは意識しないと書いたが、だからこそ完成度の高い技術であると言ってよい。

透明なことと引っかかること

コンピュータ用語にトランスペアレント（透明）という言葉がある。ソフトやハードの存在が利用者から見えない、気づかれない、つまり文字通り透明になっているという意味である。電話をかけるとき無意識に相手につなぎ、会話することができる。さらに会話が弾んだときは電話という媒体さえ忘れ、話に夢中になる。これは電話がトランスペアレントなのである。技術の完成度が高いため存在が気づかれない、とも言える。

同様に多くの読者は、組版に高度な技術が存在しているとは気づいていない。書籍組版が凄い技術であるのに対し、電子書籍がいかに未熟であるかを説明した際、「組版技術はトランスペアレントである」という言い方をしたことがある。eコマースを研究する大学教授が直ちに反応した。「長いeメールはディスプレイではなくプリントアウトで読んでいますが、それでも読みにくい理由がわかりました。技術の不在ですね」。考えてみれば当たり前のことだが、小説を読むとき、その物語世界に没頭できるのも高度な組版技術が介在しているからである。

物語を読むには、文字は自己主張しすぎず、レイアウトが裏に隠れるくらいが好ましい。一方、辞書や百科事典は調べる本である。造本設計を工夫して引きやすさ、言い換えれば引っかかる要素が必要になる。書籍と違って雑誌の紙面に要求されるのは、この「引っかかること」ではないだろうか。雑誌を頭から読んでいく人はあまりいない。パラパラめくり興味ある記事に目がとまる。タイトル、文章のレイアウト、写真、イラスト、色といったすべての要素が読者の視線をキャッチするためにある。成熟した組版の要素技術を使いながら、雑誌レイアウトは古びず、見慣れず、今であり続ける。

電子書籍が読者に受け入れられるには、まだ多くの時間とエネルギーが必要であろう。

「無料」常識に挑むネットで生まれた有料図書館

以前に図書館の上に住んでいたと書いた（33ページ参照）。マンションの1階に区立図書館があったにすぎないのだが、ある司書にお会いした際、初対面の挨拶もそこそこにこの話題を持ち出されたことがある。図書館関係者に覚えのよいこの文化的な（？）住まいも今は引き払い、郊外のニュータウン住まいである。宮崎駿監督がアニメの舞台に取り上げている街で、『耳をすませば』の主人公のお父さんが勤めていた（としか思えないほどそっくりな）図書館も散策のテリトリーにある。

誰にも図書館に対しちょっと特別な思い出があると思う。きっと異化された世界への入口なのだ。開架式書棚で本を探していると、目的外の本に長時間読みふけることが多い。あれは本の精霊のイタズラに違いない。

究極の図書館サービス

図書館サービスを突き詰めると、最後に残された課題が「24時間開館」と「非来館型貸出」となる。その両者を実現するものとして、電子図書館が期待されてきた。技術は別としても、誰が主体となって実現するかが問題となる。

メインとなる図書館の多くは公共図書館であり、無料貸出を義務づけられている。コピーして劣化することのないデジタルコンテンツを貸し出すことは、著作権をはじめ解決すべきハードルが高い。一方、海外の大手学術出版社はビジネスとして最先端の学術情報を電子化している。そして紙よりも高い値段で販売している。

著作権が消滅している場合は、「プロジェクト・グーテンベルグ」や「青空文庫」のようなボランティア運動が1つの解となった。ただ、このような信頼性の高い活動は別として、校閲されていない、あるいは誰によってテキスト化されたかも定かではないデータがインターネットで流通していることも事実である。

商用オンラインライブラリー登場

数理文学を持ち出すまでもなく、研究者や学生にとって、時に小説は読書ではなく調査対象となる。まして、人文社会科学の教科書や論文がデータ化されているメリットは大きい。さらに米国の学生は図書館での調査に多くの時間を費やすと聞く。となると著作権のある作品で信頼に足りるデジタルデータを提供することはビジネスとして成立するだろうか。

この「ウェブの情報は無料」という常識にも「図書館は無料貸出」というルールにも反して、予想以上に有料のオンラインライブラリーが成功を収めつつある。

プロジェクト・グーテンベルグ……アメリカ著作権法下で著作権の切れた作品を電子化して、インターネット上で公開する計画。2010年時点でデータは3万2000点を超える。

青空文庫……日本国内において著作権が消滅した文学作品、あるいは著作権者が許諾した文学作品を収集・公開しているインターネット上の電子図書館。2010年時点で9000点を超えた作品が収集されている。

01年1月にサービス開始したばかりであるが、大学教科書のオンラインライブラリーとして注目されているのが「クエスティア・メディア」である。今や4万5000点を超える本と2万点以上の学術論文、さらに百科事典がウェブで利用できる。すでに225社の人文社会科学系出版社と提携し、提供する電子書籍タイトル数は急増中である。学術出版社に勤める司書などにより選書され、出版社と契約の上、学生の使用に応じて著作権使用料を支払っている。学生は個人契約で月19・25ドル、年間契約だと割安で月12・50ドルで全タイトルを読むことができる。

eラーニングプラットフォームとして最大手のWebCTとも連動しており、WebCTユーザーはクエスティアのサービスを受けることができる。ウェブ情報を無料で利用することに慣れた学生が会費を払ってまで利用するか、当初疑問の声もあった。が、どうやら電子書籍ビジネスを成立させた数少ない会社の1つになりつつある。

同様な個人向けサービスとして「イーブラリーコム」がある。また大学図書館や公共図書館に電子書籍を提供するオンラインライブラリーとして、一足早くビジネスを成立させた会社に「ネットライブラリー」がある。個人向けにしろ図書館向けにしろ、このようなサービスがまだ日本にないだけに各社の動向が注目される。

WebCT……ネットワーク上で教育環境を提供するシステム。05年には、全世界1700以上の教育機関に導入され800万人以上の学生に利用される。06年にライバル社のブラックボードに買収され同ブランド名は公式にはなくなっている。

ネットライブラリー……紀伊國屋書店と提携して07年から日本でサービスを始めた。

デジタルかディジタルか　専門用語の一般化

今どき「メール」と言ったらeメールのことである。若い人に「メールちょうだい」と言われて手紙を書く人は、オジサンにもいない。郵便のメールのことは、タートルメールとかスネークメールと言うそうである（亀や蛇のように遅いの意味）。

eメールがビジネスで使われるようになって、もともと持っていた自由な雰囲気は少々崩れてきた。それでも「拝啓」に始まる手紙の形式性や敬語といった約束事抜きに、フランクでシンプルな用件重視の文章が多用されている。使い始めた頃、上司の依頼にも「了解」とだけ返しておける機能性が魅力的だった。手紙、電話、ファックスとは一線を画すeメールに、ネット文化がもたらす変化を実感した。

10年以上昔、「電子出版はこれから出版社の重要な活動となり、わざわざ電子と断る区別がなくなる」と吹聴して回っていた。メールのほうが先に〃e〃である限定から開放されてしまったが、最近では、「紙の本」と言わないと話が進まない時がままある。

デジタル出版用語

言葉には流行廃《はやりすた》れがあり、なかには用語の定義が本来の意味からゆっくりと離れていき、気づかない内にすっかり装いを新たにしてしまうこともある。新語や死語となってしまえばよいが定義が揺れているときは、その扱いが議論のもとである。最近、デジタル出版に関連する用語について検討する会に参加し、いろいろ学ぶことが多かった。

例えば「活字」である。当然、活版印刷に使う鉛を主とした物理的な存在をいう。それだけならデジタル出版とは縁がないのだが、「写植やＤＴＰで印刷した文字は何と言うの？」となると、やはり活字だろうか。抵抗ある人もいるだろうが、手書き文字に対して活字とするのが自然である。「活字文化」といっても活版印刷物は、もはや希少価値なのだから。

「デジタル」か「ディジタル」か

一方、外来語では用語の表記自体が揺れることになる。例えば「ディジタル」か「デジタル」か、皆さんは普段どちらを使うだろうか。専門家でもない限り「デジタル」だろう。電気製品の広告や新聞・雑誌を見ても圧倒的に「デジタル」である。手元の辞書を調べてみると、一部のパソコン用語集では、「ディジタル」もあるが、『広辞苑・第五版』をはじめ、多くの国語辞書は「デジタル」である。ちなみに、『広辞苑・第三版』では「ディジタル」を採用している。表記が変化してきたよい例である。

これに関して91年に『外来語表記に関する内閣告示』がある。それによると「ディ」は、外来音ディに対応する仮名である、とあり、さらに注では「デ」と書く慣用のある場合はそれによる、とある。「デジタル」は間違いなく慣用であり、まずは問題ないと、普通は考える。

一方、専門家が集まって決めた『学術用語集・電気工学編』では、「ディジタル」である。一般に「デジタル」という用語が定着する以前から、電気工学の専門家の

広辞苑……岩波書店発行。１９５５年に初版発行。69年（第二版）、76年（第二版補訂）、83年（第三版）、91年（第四版）、98年（第五版）と改訂され、08年には10年ぶりの大改訂として第六版が刊行された。

間では「ディジタル」が用語として使われてきている。今や世間では通用しにくい「村」言葉である。91年以前では、54年の国語審議会報告『外来語の表記について』が有効で、この中では原音に近い「ディ」の表記を優先していたためかもしれない。

ところが検定教科書では『学術用語集』を寄り所としている。この結果どうなるか。03年度から普通高校で新たに「情報」が必修教科として始まる。その教科書が検定審査の真っ最中であるが、「ディジタル」が採用されている。高校生諸君も面食らうだろう。何しろ「ディジタルカメラ」である。誰も「ディジカメ」とは言わないのだから。

熱気溢れる中国の突出した電子出版事情

「電子出版」という言葉が日本の出版界に登場したのは80年代半ば、CD-ROMの登場により始まったニューメディアブーム（古いね）の頃である。出版社やメーカー、印刷会社などにより日本電子出版協会が設立されたのが86年。この当時、協会による電子出版の定義は「電子技術を用いた組版システム」と「電子媒体による出版」という2つの意味をつなぎ合わせたものであった。当時の電子出版はDTPとCD-ROMにすぎなかったのである。

最近では、ネットワークによるコンテンツ流通をネットワーク出版とかオンライン出版と言い、CD-ROMなどのパッケージ系電子出版と合わせてデジタル出版と呼ぶことが多い。eブックや電子書籍というと、本の内容をデジタルデータで記述したコンテンツのことで、そのコンテンツを含んだ専用読書端末は電子書籍端末（eブックリーダー）と呼んでいる。今の電子出版は、デジタル出版（ネットワーク系とパッケージ系）にオンライン書店とDTPまでを含んだ概念となっている。

「電子ブック」はソニーの商標で、データディスクマン用8センチCD-ROMのことになるし、「デジタルブック」という名は、NECがかつて開発した液晶読書リーダーの商品名というのも用語をわかりにくくしている。いずれにせよ、技術の進歩にともない電子出版の定義も変わってきている。

電子出版とは何ですか

日中韓の大学出版部セミナーにおける電子出版セッションで、「電子出版とは何ですか？」と中国側参加者から質問されたことがあった。これには発表者の僕も面食らった。何しろ電子出版分科会の場である。ただ、後になって考えると、国際会議の冒頭で極めて重要な確認となっていた気がする。通訳者には「あなたは電子出版をどのように定義しますか」と訳してほしかったところである。

漢字文化圏（ご存じのように韓国でも漢字教育が復活しつつある）の日本、中国、韓国ではなまじ用語が近いため、互いの定義の違いに気がつかないことがある。01年の日中韓大学出版部セミナーで韓国の発表者が自国の電子書籍市場に対しかなり大きな数字をあげた。よくよく聞いてみると電子書籍とはオンライン書店を含んだ電子

電子ブック……左写真。

デジタルブック……左写真。

出版のことだったという。

韓国出版研究所の白源根さんに聞くと日韓の電子出版事情は似通っていて、用語もほぼ同じであるが、厳密な定義がなく揺れ動いているのも同様とのことであった。

熱烈中国電子出版事情

一方、中国の電子出版に対する熱気には、それが実際の行動をともなっているだけに驚かされる。北京大学出版部は、DTP組版システムの開発で知られている方正と組んで、北大方正という電子出版会社を設立した。他の大学出版部にも積極的に教科書の電子出版化を働きかけている。中国が電子出版に熱烈的なのは理由がある。紙が足りないのである。

紙の消費量で見ると00年の年間消費量は、おおよそ日本が3200万トン、中国が3600万トンとほぼ同じである。一方、個人消費量では日本が250キロであるのに対し、中国は28キロとほぼ9分の1で、もし中国の個人消費が日本並みになったとしたら、世界の生産量3億2000万トンを使い尽くすことになる。

また中国の大学進学率は、現在約1割で年々高まっている。日本並みに5割といわないまでも、3割になっただけで、売れ筋の教科書は1点あたり300万部から600万部の販売部数になるという。もはや紙の本で教科書を提供することは困難なのである。

出版市場の急速な成長の先には巨大な電子出版市場が存在している。今、中国の大学では電子出版学科の新設が続き、増大する市場に向けてDTPオペレータやマルチメディアクリエータの養成が進んでいる。日本の電子出版に関する議論が空々しくなるほど必要に駆られた熱気がそこにある。

出版不況下の話題「本が危ない！」の本質は何か

今や出版界の年頭挨拶に欠くことのないキーワードとなったのが「マイナス成長」である。01年も前年度比で約3％減に終わり、97年以来の5年連続となった。01年末には人文社会科学系専門書を扱う取次の鈴木書店が自己破産した。負債総額は40億円。景気が悪いのは出版界だけではないが、経営基盤が脆弱な出版社にとって、40億円の影響は計り知れない。

書籍・雑誌の販売総額は今や2兆5000億円。以前、出版界の経営規模が小さいことを冗談半分に「ダイエーの負債総額と同じ」と例えていた。あちらは頑張って減らしているようだが、こちらは頑張っても減り続けている。

経済トーク番組に出演して

CS放送朝日ニュースター「本が危ない！　出版不況脱出元年に……」と題したトーク番組に出演した。朝日新聞経済部の論説委員が進行役になり、準大手出版社の取締役と僕の3人だけのぶっつけ本番の1時間である。

流通、本の価値、定価、ブックオフ、ハリー・ポッター等々おもしろく意見交換したが、不況脱出という点では、話がかみ合わないのである。『ハリー・ポッター』シリーズが日本の版元にもたらした利益は数十億円ではないかと話題になったとき、経済部論説委員が「たった数十億円？　気の利いたディーラーなら一晩で売り上げますよ」と言ったのには鼻白んだ。彼らの視点では「本が危ない」のは売れないからであり、不況脱出には話題になる本を仕掛け売上を伸ばすことだという。

再び右肩上がりの成長を夢見ている人々と、1人の読者、1冊の本の積み重ねで売っている専門書出版社の人間とは世界が違う。僕は出版市場は肥大化しすぎたのであり、今は適正規模を見つけようとあがいていると思っている。

深刻な出版の精神的不況

雑誌にとって売れることだけが善であることは否定しない。経済部記者は金額だけが尺度かもしれない。でも「本が危ない」のは何も売上だけではない。出版界では柳の下にドジョウが30匹までいると言われる。編集者はベストセラーの追従が企画だと思い、類似書を本屋の店頭にうず高く積み上げている。読者はベストセラーを図書館に予約して競って借りるが、数年後、ブックオフなどの新古書店の店頭に1冊百円で並んでいても誰も手にとろうともしない。雑誌は読者ではなく広告主のために創刊され、広告収入に頼った雑誌が返品率を押し上げている。

既刊本が売れなければ勢い新刊依存になる。01年の新刊は7万点に近づき過去最高となった。専門書にも売れ筋があり、売上重視で、安易に寿命の短い新刊を作った自分の反省もある。つまり出版不況は売れないことだけが問題なのではない。類似の企画、雑な編集、安易な新雑誌の創刊。どれもこれも出版界の精神的不況の結果である。貧すれば鈍する。だから本が危ないのである。

ファンタジーブームで売れた本

世界中で「ハリ・ポタ旋風」が吹きまくっているが、日本でも『ハリー・ポッター』

新古書店……比較的新しく出版された本（新古本）を中心に取り扱う古書店。商品は主に漫画や文庫本など大量出版されているもので、書籍以外にも音楽CDや映像ソフトなども同様に取り扱う。

『ハリー・ポッター』シリーズ……08年8月時点で、全7巻の日本での累計売上は2360万部とされる。

シリーズは、翻訳書3部作の累計が800万部を超えた。波及効果も大きく関連書はもとより、「ハリー・ポッター」と同様に映画化されたファンタジーの古典『指輪物語』が再び売れるなど、一大ファンタジーブームを引き起こしている。

電車の中で、久々に「図書館の本ではない上製本」を手にした大人たちを見るようになった。子供のために買った本に親も夢中になったのかもしれない。テレビ番組やゲームの話こそするが、子供たちが争って本を読み教室で話題にするなど、ずいぶん久しくなかったのではないだろうか。

読んでみると、確かにテレビゲームのようである。これは断じて批判ではない。冒頭紹介した番組でもコメントしたが「京極夏彦のライバルは宮部みゆきではなく、ファイナルファンタジー」である。小説がゲームのおもしろさを研究したからこそ子供たちを魅了したのである。

なぜ書くのか？　著作権の対価は金か名誉か

「なぜ書くのか」と多くの作家は問われ、また自問する。それは作家が書くことを生業としているゆえの宿命のようなものである。書かなければ生活できないが、さりとて生活のためだけに書きたくはない。

ファイナルファンタジー……人気ゲームソフトのシリーズ作品。RPG（ロールプレイングゲーム）というジャンルで、近年ではネットオンラインゲームへの展開もみせている。

確か「生涯お金のために原稿を書いた」と皮肉たっぷりな墓標を自ら残した作家がいた。いったん作品を発表してしまえば、作品は独り立ちして読者の手の中にある。もはや作者が、どうコメントしようが釈明しようが他者の評価にさらされている。逆に言えば、金のために書こうがなかろうが作品の価値には変わりがない。おそらく冒頭の墓標銘は自虐的な反省からではなく、作品に対する強靭な自信の現れだろう。

一握りの生業としての著述家

毎年6万点を超える本が刊行されている。その中でいったい何人が書くことだけで生活しているのだろうか。経済評論家が本を書くのは名刺代わりだし、ビジネス書や実務書の著者も主たる収入源は別に確保しているはずである。

まして教科書、学術書の著者は教員や研究者である。本を書くのは研究発表のためもあり、さらに業績評価にもなっている。人文社会系の大学では共著と論文を1点とすると、単著では倍の2点と数えることが多い。一方、理工系では論文の評価が高く本は低い。おそらく前者が引用に基づく文献調査やテキストクリティック（本文批評）が重視されるのに対し、後者は新発見、発明による理論化、抽象化作業だからである。

その結果、理学系の研究者は工学系の技術者に対し、「実験すれば論文が1本あがる」と批評するし、工学系は人文社会系に対し「鋏と糊で人の文章を書き写せば仕事になる」と思っているし、人文社会系は理系に対し「自分たちは数百ページは書かなければいけないが、理系は数枚でよいのだから楽」と言う。それもこれもお金のためではなく業績のためである。業績を「名誉のため」と言い換えればもっとわかりやすい。

欧米の理工学書の多くは出版社に著作権が譲渡されている。日本でも学術団体へ論文投稿した場合、著作権が譲渡される。それどころか投稿料すらかかる。学会はインセンティブ（報酬、やりがい）としてお金ではなく名誉を渡している。

現時点では、紙で出版されたというのは厳然たる名誉であるがネット上では評価が低い。とはいえ本の名誉を担保にして、ウェブで公開するというのでは、あまりに著者の身勝手である。

米国eラーニング調査

02年春、MITのOCW（すべての講義教材のオープン化）やコーネル大学のカスタムパブリッシング調査のため米国に行っていた。よく知られているように米国の知的所有権管理は大変厳しい。その代わり、契約してお金さえ払えば、ちゃんと使わせてくれる。つまりすべてがビジネスにつながっているのである。一方、米国国民の絶妙なバランス感覚が、その対局としてオープンソースやコピーレフト（フリーウェア）運動を支持するのである。

前者の例がコーネル大学における教科書のPODであり、後者がMIT OCWである。OCWについてはすでに取り上げたが、MITを訪問して担当教授に会うのは念願だった。

POD……プリントオンデマンド。必要なときに必要な部数を印刷するという考え方、またはその仕組み。

電子教材にみるカスタムパブリッシングの興隆

米国ニューヨーク市からプロペラ機で1時間。森と湖と緩やかな丘が続く小さな町、イサカ市にコーネル大学のキャンパスは広がる。創立者は羊しかいない土地を見て、ここなら勉強に集中できると大学を作ったという大学城下町である。なにしろ学部学生と大学院生で2万人。人口5万人のうち、3万人近くが大学の教職員達と学生で、大学に関係しない成人は羊より少ない（確認はしていません）。図書館の蔵書数は5800万冊。アイビーリーグのうちで卒業するのが最も難しい名門校だ。

コーネル大学の教材作り

大学直営のブックストア事業で、注目したいのがカスタムパブリッシングと呼ばれる教材のオンデマンド印刷である。日本におけるオンデマンド出版が、絶版本の復刻や極少部数のオリジナル出版を中心としているのに対し、米国の大学におけるカスタムパブリッシングは、複数のコンテンツから必要な部分だけ選び（カスタム化）、その「すべてに対し著作権処理をした」上で、必要部数のみ印刷するのが特徴である。素材はすべて教員から持ち込まれ、その内容は市販の教科書、書籍、雑誌、新聞等多岐にわたる。

米国の市販教科書は、B5変型判で分量も多く、500ページから1000ページ近いものも多い。さらに主要な教科書には関連して演習書、問題解答集、指導書（学生が購入できるいわゆる虎の巻と教員用指導書に分けられる）、CD-ROMなどが出版社により準備されている。米国の学生は日本の学生に比べてかなり多くの教科書を購入し、さらに図書館で本を借りる。もちろん、授業で教科書の全ページを丁寧に教える、なんてことはない。とにかく卒業証書をもらうには予習復習してたくさんの本を読まなくてはいけない。

教科書の改訂サイクルは4年から5年と長いため、常に最新の情報を教材にしたいと考える教員も多い。そこで経営学やビジネススクール（大学院）では、生きた教材としてハーバードビジネスレビューやウォールストリート・ジャーナル、経済誌、新聞などを多用している。また特色ある教育を目指す教員からは、異なる出版社の複数の本を一部分ずつ授業に利用したいという要望もある。このような需要があって、90年初頭に研究型大学にカスタムパブリッシングの仕組みが整ってきた。

コーネル大学では、全教科書のうち13％がカスタムパブリッシングである。その内訳は毎学期（半年）ごとに350タイトルを発行し、毎年3万5000冊以上を販売、500人の教員が利用している。平均ページは244ページ、平均単価は31ドル、平均印刷部数は45部である。年間の著作権使用料は52万5000ドルで、約8000件を処理している。売上は00年秋半期で68万ドル、01年春半期が58万ドルで、減少傾向とはいえ年間、日本円にして約1億5000万円にも及んでいる。

最近の変化として、出版社に払う著作権使用料が上昇しつつあり、利益の圧縮要因になり始めている。著作権使用料は1ページあたり平均11セント、これを平均20セントで販売する。以前のオンデマンド印刷機ではスキャニングしたデータを蓄積保存することができなかった。コーネル大学では数年前に印刷機をゼロックスのDocuTechからコダックのDIGISOURCE 9110に入れ替え、スキャニングやデータ管理用ソフトは同じくゼロックスのPackBuilderからALTO Imagingの製品に切り替えている。これにより一度デジタル化したコンテンツの

カスタムパブリッシングの教材。必要な部分だけを印刷（プリントアウト）してリング製本

コーネル大学のブックストア

データベース化を進め、翌年以降も再利用できるようになった。経費節減や需要に応じた短期間での制作が目的で、収益性が改善されたという。

なおカスタムパブリッシングと呼ばれているが、制作された出版物のほとんどはプラスチックリングによる製本で、なかにはホチキス止めすらある。日本の出版の感覚からは、むしろコピーによる複写サービスである。そのため出版社自らによる同様なサービスは「カスタム印刷（プリンティング）」と呼ばれていた。（写真）

著作権使用の許諾

カスタムパブリッシングの作業で、当初に比べ軽減されたとはいえ、最も手間のかかるのが著作権の許諾という。日本の出版界の状況を考えると、許諾を出すというだけで驚きである。

これに対し米国では、一部の例外を除き多くの出版社が複写許諾している。それは利用者が必ず許諾をとって使用する著作権意識の高さと、容易に許諾申請ができるシステムの整備、さらに不正に複写利用されるよりは、積極的に使わせて収益としていく出版社の姿勢などがある。そのため複写権使用料は、1ページあたり本の価格よりかなり高く設定されている。

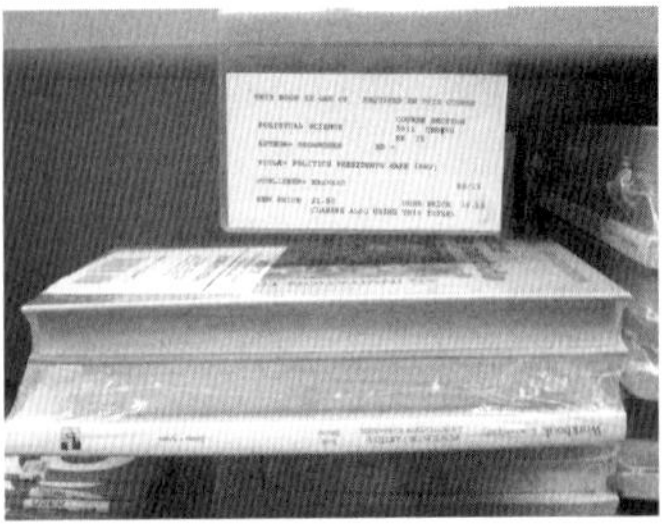

出版社によりシュリンクパック（バンドリング）された教材

コロラド大学のブックストアの裏側。品切れになった場合すぐに店頭に並べられるように準備している

人気の使用済み教科書販売

次に訪問したコロラド大学は州立大学で、マラソンの高地練習で有名なボルダーに主要なキャンパスがある。スケールの大きなコロラド山脈の麓、豊かな自然と治安のよい街づくりが好まれ日本人の留学生も多い。大学直営のブックストアは大学の重要な収益部門で、ここでもカスタムパブリッシングは重要な事業となっていた。まもなく始まるサマースクールを前に、教科書販売の準備が行われていた。日本の書店では考えられないことだが販売の棚には、教科書ごとに新本とユーズドブック（古本）が並んでいた。（写真）

大学によって多少の差はあるが、このユーズドブックも大きな収益をブックストアにもたらしている。毎学期の終了時期には、ユーズドブックを取り扱う業者やブックストアが買取りコーナーを設け、学生から使用済みの教科書を購入する。買取り価格は次期で教科書指定がある場合は定価の50%、ない場合は10〜30%である。いずれも定価の75%で販売されているので、ブックストアは平均で30%近い利益率を確保している。使用済みだからマーカーが引いてあったり書き込みがあるのだが、その方が売れ行き

がよい。効率よく学べるというのが理由という（成績優秀か不出来かは購入価格に関係ないそうです）。

ユーズドブック対策として、出版社は教科書の改訂を早めるだけでなく、教科書の内容をデジタル化したCD-ROMや指導書などをシュリンクパックし、年度版として販売する手法をとっている。これをバンドリングと呼んでいる。（写真）

大学教科書の米国全体の動向は、新本が69％、ユーズドブックが25％を占め、残りがカスタムパブリッシングなどである。コロラド大学ではユーズドブックの比率はほぼ同様で、カスタムパブリッシングが10％あるという。コーネル大学はカスタムパブリッシングの比率が高い分、ユーズドブックは10％であるが増加傾向にある。

現在、全米のほとんどの大学でカスタムパブリッシングが行われている。印刷部門を持たないような小さな単科大学や2年生大学では、ブックストアが窓口となって著作権処理をし、印刷はキンコーズなどを利用している。カスタムパブリッシングで全米1位は、南カリフォルニア大学で、なんと教科書全体の27％、4億5000万円を売り上げているという。

日本でも研究留学の経験がある若手教員を中心に、カスタムパブリッシングによる教材を制作利用する希望も多い。大学生き残りをかけて、授業改善や教授法の導入が積極的に行われ、教材利用も多様化している。自然科学系教科書だけでなく、人文社会系教科書でも市場が成立する余地があるのではないだろうか。複写使用に対する出版社の対応が問われるところである。

ＭＩＴ ＯＣＷ無料公開の行方

日本でも美術館や交響楽団で知られるボストンは、市内に多くの大学が点在する米国でも有数の学園都市である。また隣接するケンブリッジはマサチューセッツ工科大学（ＭＩＴ）やハーバード大学がある研究都市でもある。ボストン市街には歴史的な建造物とモダン建築が調和を描き、そこからチャールズ川を渡るとＭＩＴの都市型キャンパスが広がっている。

何度か話題として取り上げたＭＩＴ ＯＣＷ発表（66ページ参照）から、ほぼ1年。ウェブサイトでかなりの情報公開をしているとはいえ、詳細まではわからない。どんなシステムで公開するのか。開発費はどう工面するのか。そもそも全講義の無料公開などという大それたことを誰が考え出し、本当に全教員の賛同を得ているのか。聞いてみたいことばかりである。

授業ではなく教材の公開

訪れたコンピュータ研究部門で、ＯＣＷのチームの一人であるロング博士と、ＯＫＩプロジェクト担当のメリーマン先生が出迎えてくれた。日本ではＯＣＷの話題ばかり伝わっているが、学習管理システム（ＬＭＳ）のオープンソースプロジェクトであるＯＫＩ（Ｏｐｅｎ Ｋｎｏｗｌｅｄｇｅ Ｉｎｉｔｉａｔｉｖｅ）もかなり大がかりな動きである。ＯＫＩはＯＣＷの理念に即した技術とソフトを自ら作り出すプロジェクトで、2つのプロジェクトは車の両輪のように計画実行されている。

実際に訪ねてわかったことは、ＯＣＷは授業の公開ではなく教材の公開であり、その公開方法も含め、すべてはこれからだということである。日本へも一部誤解されて伝わっているが、決して全授業をストリーミングビデオによりオンデマンド配信するわけではない。

オフホワイトのスーツに赤い蝶ネクタイとおしゃれなロング博士は、冒頭、「OCWはとてもシンプルであるが、決して起こりそうもないことを始めた初の試み」と切り出した。このプロジェクトを推進する理由は大きく3つある。

1、授業を「公開」することで様々なアドバイスをもらい、よりよい教育を行えること。

2、「共有」することで、世界的に高等教育の質を向上させることができること。

3、インターネットを商業的にではなく、本来的な知的インテリジェンスの発展に貢献すること。

無料公開に至るドラマ

著作権を保護することではなくフリーにすることで教育と研究に貢献したい、という彼らの願いは、実際のところプロジェクトの最初からあったわけではない。むしろビジネスとして検討されフリーという結論に達するプロセスこそ、極めてドラマチックである。それは自由な競争社会の米国が、一方で、平等なチャンスを保証する健全な精神の証でもある。

MITがインターネットによる生涯教育プロジェクトの検討を開始したのは00年春。当時、ネットバブルが最高潮に達し、eラーニングは強力なキャッチフレーズとなっていた。財務面で実行可能で、かつ永続的なビジネスを条件に検討が開始されたものの、すでにコロラド大学やコーネル大学が事業を開始しており、出遅れた上に先行大学からも苦しい台所事情が伝わってくる。

そこに決定的な調査結果が報告される。自分の授業を公開している60人の学内教官にインタビューしたところ、全員が「自分たちの教育の質向上のために行っている」とし、ビジネスではなくボランティアで関わっていると回答したのである。講義の質を継続的に向上することが教員の当然の責務である、という基本原則が再確認された。検討メンバーの間からフリーというアイディアが誕生した瞬間である。

「日本の高等教育への懸念は、教官がたびたび大学ビジネスを口にすることである」とは、OCW担当の一人である宮川繁教授の言葉だ。日本の大学人はOCWの理念に耳を傾けてほしい。

「印刷術と宗教改革」って何？　中国の出版文化史

大学の講義で学生に出版メディアについて話す機会があり、彼らの常識をちょっと刺激して注意を引こうと冒頭にクイズを出した。「印刷術を発明したのは誰か」。

「グーテンベルグ」と答えたら、思う壺である。言うまでもなく印刷術は、まず木版による印刷が中国で誕生し、朝鮮を経て日本に伝えられた。グーテンベルグの仕事を厳密に定義すれば、西洋における金属活字と印刷機による印刷術の発明ということになる。

中国出版文化史

活版印刷そのものについては、グーテンベルグに先立つこと400年ほど前に、すでに中国で粘土に文字を彫って焼き固めた活字による印刷が行われたといわれている。さらに朝鮮でも1200年代に金属活字（銅活字）の鋳造ならびに印刷が記録されている。

『中国出版文化史』（名古屋大学出版会）の著者、井上進氏の講演を聞く機会があった。「世界を変えた技術といったものは存在するか？」と問いかけながら、出版文化史を通じて見た伝統中国の先進性については、話術にも長け大変興味深かった。欧米の学者に案内されて、中国の学者と一緒に15世紀中頃の印刷物である、いわゆる「インキュナブラ」を博物館で見たときのこと。中国の学者は「どれも明版ではないか」と発言して、欧米の学者を憤慨させたという。明の時代の印刷物なんて新しすぎて珍しくもない、と言うのである。

また、日本の学者が国際学会で「現存する最古の印刷物は日本にある百万塔陀羅尼である」と発言した。すると韓国の学者が「高麗時代に世界最初の金属活字が誕生した」とナショナリズム的応酬をする。このやりとりに対し、中国の学者は「はなはだ滑稽」と言わんばかりであったという。両国がどう権威づけようが印刷術は中国によって発明されたのである。

グーテンベルグ印刷術の役割

では、なぜグーテンベルグの印刷術の発明が高く評価されるのか。ちょっと旧聞になるが、20世紀末に千年紀の出来事トップ100をライフ社が選んでいる。そのトップこそがグーテンベルグによる印刷術の発明であった。その後にアメリカ大陸の発見、ルターの宗教改革、産業革命と続き、印刷術とともに「三大発明」といわれる羅針盤、火薬がトップ10にランクインしている。ちなみにインターネットはトッ

百万塔陀羅尼……現存する中では印刷年代が特定されている世界最古の印刷物。770年に称徳天皇が国家安泰を祈念するため、『無垢浄光大陀羅尼経』に基づき、陀羅尼を100万巻印刷し、小型の塔に納めて10万基ずつを10大寺に奉納したものとされる。

プ100にも選ばれていなかった。千年紀末に起きたことで、まだ評価も定まりようがないということかもしれない。

グーテンベルグの印刷術のもたらしたものは、単に印刷産業が発達したという経済的側面だけではない。ライフ社のリストで3位となった宗教改革も、印刷術の普及により聖書が大衆の手に渡るようになったからだと言われる。印刷術と出版文化は社会改革や近代国家誕生の基盤になったのである。それに対し、中国（明）の出版文化には、自生的に近代国家を誕生させるパワーがなかったのである。

ところで、大学生へのクイズの件であるが、引っかけ問題にしたつもりだったのだが、予想外の展開になってしまった。驚いたことに誰もグーテンベルグの名を知らないのである！　印刷術の発明なんて今の大学生にとっては一般常識ではないということか。

デジタル技術は人を豊かにするか

世の中は90年にバブル経済が崩壊しマイナス成長時代に入っている。しかし出版界はその後も売上を伸ばし続け96年にピークとなった。当時、出版界は不況に強いと信じられていたが、これこそバブルな幻想であった。それ以降、出版界はマイナス成長に転じ、販売総額は前年割れを更新している。（84ページ参照）

縮小を続ける出版市場

バブル崩壊後に売上が伸びた理由の1つに大型書店の出店ブームがある。テナントが撤退して空いたビルが大型書店を格安の家賃で誘致したのである。書店の床面積が増えれば出版物の店頭在庫が比例して増えるわけで、結果的に出版不況の傷をより深くした。今は80年代末の売上水準に戻っている。20歳代以下の読者人口が減っているのだから、出版界の売上は今後も減るだろう。

ではITが不況打開に役立っただろうか。人々は電子書籍に携帯電話のような爆発的な新市場創出を期待したが、線香花火にもなっていない。もちろんDTPの導入で組版の内製化やeコマースによる取引改善はある。最近、書籍全点にICタグを埋め込む計画が発表され、万引き防止や印刷部数の適正化に期待されている。

でも出版は紙に印刷した書籍と雑誌を最終商品として成り立つ市場である。本の製造技術は印刷業に委ねて成立しているだけに、直接的なコストダウンはない。逆説的であるが電子書籍がニッチな売上にとどまっているから、取次と書店を含む出版産業は生き残っているのである。

牛丼・コンビニ・印刷業

では、印刷業にはITの普及で良いことがあっただろうか。3K（きつい、汚い、危険）の職場から、きれいな工場に変わった。コストダウンも間違いない。活版印刷からCTS、DTPと進むことで、人件費の大幅な削減と技術者の習熟速度を速めるこ

ICタグを埋め込む計画……日本出版インフラセンター（JPO）による一連のICタグ実証実験がある。出版RFIDコード管理研究委員会による中間報告が09年6月に発表されている。

とができた。でもデジタル化によるコストダウンメリットを価格競争に反映したのは明らかに失敗である。僕の編集する数式と図版、表組みの多い理工学書でも、かつて1ページあたり３０００円近かった組版代が今では１０００円以下である。

そもそもデジタル技術の進歩は平準化の道でもある。どこの会社で誰がやっても同じ品質で差が出ない。アジア諸国のアナログビデオデッキが品質面でも価格面でも日本に追いつけなかったのはミクロン精度のヘッド技術の違いだと聞く。ところがＤＶＤ再生ビデオではあっというまに安い中国製品が出回っている。光ピックアップを除きほとんどがＩＣ化されたデジタル回路だからである。

職人がいらない技術分野ほど平準化も陳腐化も早い。かつては違った。活字も違い、組みや刷りなどの品質と値段には、それなりの相関関係もあった。数式やカラー印刷なら絶対的な評価のある印刷会社があった。今はどこの印刷会社でも区別はない。印刷会社を決める要素は、値段と納期だけである。「安く」て「早い」だけが「売り」では牛丼屋やマクドナルドと一緒である。あとは出力センターと同様に24時間営業にしてコンビニ化の道を歩むしかない。

デジタル技術は印刷装置の減価償却速度を追い越してしまった。わずかな資本で組版、刷版ができる時代に入り、デジタル印刷技術の職人技はあるのだろうか。

ケータイ文化とグーグルの台頭

2003年1月〜2005年12月

読んでもらえるだけで本望か？　著作権の対価と美徳

朝日新聞に神戸女学院大学内田樹教授が新古書店と公共図書館の話題を取り上げて、「読んでもらえりゃ本望だ」と題するコラムを書いている（02年12月12日付）。出版不況を背景として漫画家たちが「新古書店の出店規制」を訴え、作家たちが「図書館の補償金」を要求していることに、「私自身はあまり共感できない」と言う。

氏自身は、「1人でも多くの読者に読んでほしい」から書くのであって、「金銭的なリターンはあるに越したことはないが、なくても別に構わない」と言う。「書いた本を全部裁断する代わりに1億円払うというのと、全国の図書館に無料配布するのとどちらがいいかと問われたら、私は迷わず後者を選ぶ」として、最後にこう結ぶのである。「いま一瞬でも答えをためらった人はおそらく表現者には向いていないと私は思う」。

職業作家の存在

最後の1行に違和感を覚えるのである。文脈からすると「金銭的なリターン」を要求するような作家は「表現者に向いていない」となる。しかし、作家や漫画家が訴えているのは「表現者」としてではなく、「著述業」としての生活基盤が侵されているからである。意図的に読み替えの根底に「作家＝清貧」思想が読めなくもない。

言うまでもなく著述業というのは「業」とする以上、書くことで収入を得ることであり、本業を越えて副収入が多ければ作家であっても著述業ではない。表現することだけで生活をかけることのほうが、より多くの覚悟を必要とするにしても、表現と対価を得ることに本質的な因果関係はない。

もちろん多くの作家が大学教授であったり企業人であることは、別に恥ずかしいことでも何でもない。氏のように大学教授という職で生活基盤を確保できれば金銭的な安定の中で創作活動に励むことができる。古くは貴族のパトロンシップで芸術家が生活していた時代も長い。日本でも職業作家が成立するのは近年であり、明治時代に島崎藤村が3人の娘を極貧のため栄養失調で次々と亡くしているのは有名な話である。

フリーソフトのビジネスモデル

インターネットが公共財である学術研究を出自として誕生したことで、オープンソースやフリーソフトの流通を加速し、今日まで「情報は無料」という大きな流れを形成してきた。その結果、コンテンツビジネスは未だ苦しみ、著作権意識に変化をもたらした。一方でネットの発言が過激になりがちだとしても、一部のフリーソフト信者の発言に「著作権で対価を得ることは罪悪である」といったルサンチマン（怨恨）すら感じる。

ではフリーソフト制作者はどのようにして生活費を稼ぐのだろうか？　コンピュータオタクの中にはコンビニで働いてフリーソフトを作っている人もいるかもしれない。寝食を忘れ品質の高い情報を提供し続けるウェブマスターは敬服に値す

オープンソース……ソフトウェアのソースコードをインターネットで無償公開し、一定の条件下で誰でも入手、改良、再配布が行える。Ｌｉｎｕｘが代表例。

るし、プロのソフトウェア技術者よりも優秀なアマチュアプログラマの存在も否定しない。でも別のビジネスモデルの中に身を置いて収入を得ることよりも、ソフトウェアの創作的行為で収入を得ることが卑下される風潮には異を唱えたい。

創作的行為で対価を得られる社会は文化的進化であり、よりよい作品がより多くのお金を集めるのは資本主義の美徳である。また、近世において芸術作品を享受できたのは一部特権階級だけであったが、今はすべての人々が作品に接することができる。誰でも著作物に対価を払うことで芸術のパトロンになれるのである。

僕が自分の小遣いで初めて小説を買ったのは12歳の時である。『老人と海』の文庫本だ。その時、印税という著作権流通システムによりヘミングウェーのパトロンになったと父に教わった。なんて誇らしくすばらしい思いがしたことだろうか。

コンテンツポータルの道　アマゾンで古本が好調

アマゾン・コムの日本法人では、02年11月から始めた古本販売が好調という。僕も探していた絶版本の何冊かを購入したのだが、なるほど便利である。サービス開始後4週間で30万点がそろったという。ヤフーや楽天などのオークションサイトが人気であり、利用者の間で下地ができていたこともあるだろう。

ウェブマスター……ウェブサイトの管理者。

注文は簡単で新本と区別なくアマゾン・コムで決済される。違うのは注文品を送ってくるのが出品者である点だ。アマゾン・コムは在庫を持たず出品者の本棚を在庫倉庫としていることになる。

第三者間取引に対する批判

米国では2年前の00年11月からサービスをスタートした。当初、書店業界から抗議を受けている。理由はよくわかる。書籍検索の結果、古本の在庫があれば新品と同じページに価格が表示されるのである。書店でいえば新刊と古本を並べて置くようなものだ。しかも、オークションサイトと違って売価も決定している。新品同様なものは書籍定価と同じにすることが出品者に義務付けられているが、僕の購入した本はどれも送料を払っても定価より安い本ばかりであった。

すでに触れたように、米国の大学では教科書販売のうち、ユーズドブックの比率が全体の25％とかなり高く、本棚に新本と並べて販売している（89ページ参照）。大学書籍部ならば許されてオンライン書店だと許されないのか。コーネル大学を訪問した際、ユーズドブック担当者にアマゾン・コムを引き合いに出して、出版社から批判されないか質問した。「彼らは、在庫を持たず第三者取引の仲介をしているにすぎない。我々は在庫を抱えリスクを負って商売している」という返事だった。

アマゾングループ全体では第三者間取引に関連した売上総数が全体の23％を占めるまでになった。一時繰り返された危機説はすっかり影を潜め、安定経営に入り始めたようだ。日本の売上も堅調で02年9月までの1年間における書籍売上は90億円を超えた。これは他のオンライン書店と比較しても抜きん出た成長である。

アマゾンで古本を買う

このところ、電子出版や本に関するメディア論、さらには電子図書館やデジタル著作権などの関連書籍を集め、電子出版研究の調査をしている。いつもは勤務先の大学の図書館を利用するのだが、理工系大学だけにそこそこ見つかるものの、やはり手元に置きたくて購入することも多い。ただ、資料としての購入だから、安ければ古本でもよい。絶版本を古書店で見つける喜びもあるが、急いでいるときはネットで古書探索ができるのはありがたい。以前より古書サイトやオークションサイトを利用するのだが、サービス面でアマゾンのキャッチアップは早い。

感心するのはユーズドブックの出品システムである。古書店が在庫をインターネットで売ろうとすると、正確な書籍のデータベースや検索システムが必要になる。新刊書店と違って、1点1冊しかない中古本を手入力するのは大変非効率である。一方、アマゾンの出品者になるのは簡単だ。書名を検索すると、「マーケットプレイスに出店する」という案内が表示される。あとはボタンをクリックしていくだけである。成約料として100円と売上の15%がとられるが、ヤフーオークションと違って、登録料はかからない。

出品者はプロが多くいるようだが、個人からもきめ細かく古本を入手するシステムになっている。今まで僕が買った本に対し「植村八潮さん、過去に購入された商品は、￥○○で出品できます」と推奨価格が表示される。買って損したと思っている本ならボタンをクリックしたくなる。

新本と古本の枠組みの変化は、さらに電子書籍へと続くだろう。近い将来、電子書籍の価格が表示されることになるに違いない。

「電子出版」は出版になったか？

「機械式時計」がブームのようである。ゼンマイとテンプが生み出すリズムを歯車が伝え、精緻な時を刻む。確かにあの動きは見ているだけで飽きない。デジタル環境が広まる中で、人触りのするアナログ感が求められている。

でも時計が安くなり雑誌の付録になる時代に、数十万円からする高級時計は希少価値を演出したブランド戦略の成果である。元ラジオ少年の編集者（僕のこと）としては、正確に、より安くを目標に歩んできた日本の工業技術を評価したい。ブランド戦略の軍門に降った時計など工業製品として邪道である。

「機械式時計」と電子出版

ところで「機械式時計」である。時計はいつから「機械式」が希少価値となったのだろうか。もともと時計といったら機械式である。電池で動く時計を差別化するために「電子時計」と呼んでいた。

80年代半ばに始まった電子出版について、当時ぼくは時計を例えに「電子出版をいつまで出版と分けて考えるのか。誰も電子時計と言わないように、今に出版と言ったら電子出版のことで、紙の出版とあえて言わなければいけない日がくる」と発言して、出版界の諸先輩から一笑に付されていた。

問題はここからである。時計会社は精密機械産業から電子産業に転換した。では、出版はどうか。電子出版を取り込んで転換できただろうか。ノーである。電子出版は、その言葉を維持したまま「出版」とは別に存在している。

紙の市場にとどまるのか

電機メーカー数社から、まもなくPDA型読書専用機が発売されると聞く。メーカーはコンテンツを求めて出版社詣を続けている。でも、コンテンツホルダーの立場で浮かれていてよいのだろうか。例えば電子辞書である。前にも取り上げたが、その後、変化は勢いを増している。

1979年に「電訳機」の名前で発売された電子辞書は、90年代末になって急速に市場を広げた。初期の電子辞書は市販辞書とは別の簡易版の辞書データを搭載していた。価格も1万円以下である。それがメモリの低価格化を背景に、出版社提供による市販辞書のフルコンテンツ版に移行し、2万円前後が売れ筋である。

今や、電子辞書は年間300万〜400万台の販売台数。そのうち半数がフルコンテンツ版という。これに対し辞書市場は5年前に1500万冊といわれたが、今は1000万冊以下に落ち込んでいる。明らかに電子辞書に市場を喰われている。電子辞書は1台に英和、和英、国語、漢和など数冊分の辞書が収められている。換算すれば紙の辞書販売部数を凌駕している。

しかし、出版社が販売価格を決められた紙の辞書と違い、ロイヤルティは本の数%という。電子辞書に搭載されない辞書ブランドは今後売上が落ちる逆転現象が懸念されている。「庇《ひさし》を貸して母屋を取られる」ではないが、メーカーは電子辞書を取り込み、辞書市場のイニシアティブを握ってしまったのだ。

時計のデジタル化で先行した日本は世界市場を制覇し、勢い余って行き着いたところが低価格化という不毛の地であった。量を追わなかったヨーロッパの時計メーカーが今、脚光を浴びている。

メジャーになって苦しむのか、希少性でマニアの満足の中に生きるのか。どちらが正解かわからない。ただ1つ言えるのは、デジタル化は進化ではなく淘汰なのだ。

では出版はどうか。80年代以降、ストック情報価値からフロー情報価値へ転換することで、宿命的に量を追い続けた。その結果、大量印刷、大量販売、大量廃棄という不毛の地にいる。「代替が効かない」と言われた希少性に後戻りできるだろうか。紙の本にとどまることは、分野によっては急激に部数を落とすことになる。好事家の間でアナログ的存在として生き延びていくのだろうか。

携帯電話から「ケータイ」へ

相手がケータイ世代ならば電車の中からメールしても、大抵は事が足りる。最近、急いで飛び乗った中距離電車で必要な要件を思い出し、慌てたことがある。同僚へ携帯電話でメールして解決し、それ以来、便利さを実感した。もっとも便利だから使うのではなく、メール自体が目的となったコミュニケーションツールでもある。

ある時、帰宅車内でメールの着信があった。絵文字入りで「せろはんかてきて」とある。機械音痴で短縮登録もできない僕の奥さんからである。怪訝に思いながらも何度かのメールのやりとりでセロハンテープとわかり、買って帰宅した。すると玄関には、携帯電話を持って6歳の息子が待ちかまえていたのであった。

メディアとしてのケータイ

今年になってPHSから携帯電話に買い換えた。今までPHSにしていたのは料金が安いのと、データ転送速度が速くPCモバイル通信に向いていたからである。携帯電話サービスへの興味よりも、移動体電話としてみれば、つながらないことへの不満が大きかった。

それまで携帯電話にカラー画面は必要ないと思っていたし、カメラとかムービーとか何のためにあるのよ？　とすっかり旧世代に属していたのである。買い換え欲求はあくまで音声通信なのであるが、この種のサービスとは不思議なものである。百聞は一見にしかず。さらに一回の利用は百見に勝る。カメラもメモ代わりに便利である。若い人の間で携帯電話での写真交換が、コミュニケーション儀式化しているのもよくわかる。

音声よりも文字情報伝送に好んで使われ、写真も動画も交換し合う。ファックスに始まりパソコンがつながり、インターネット接続料金も「電話代」の名のもとに請求される時代である。ダイヤル式の黒電話がケーブルの両端につながっていた電話のイメージはそこにはない。電話はケータイというメディアに変化したのである。

このケータイメディアの誕生にはiモードがキラーアプリだったとよく言われる。リクルート時代にユーザー動向を見続けてきた松永真理だから可能だったのであり、NTTやメーカーの企業風土では生まれなかったであろう。

メディア概念の変化

デジタル化時代と呼ばれる今、身の回りを振り返ってみると、このようなメディア概念の変化はいたるところに見られる。重要なのは技術開発競争の結果ではなく、利用者がリードする形で変化がもたらされている点である。

典型的な例をポケベルに見ることができる。覚えておいでだろうか。かつてポケベルは営業マンを呼び出す通信機器でしかなかった。ポケベル第1世代にとっては管理イメージがつきまとい、あまりよい印象ではない。

それを数字によるコミュニケーションツールに変えたのは誰か。ポケベル第2世代は、会ったこともない者同士でメッセージを交換し合う「ベル友」をブームにした当時の高校生たちである。ちなみにベル友世代は、今でも文章を数字に置き換える早業ができる。

ところがメーカーやプロダクト側は、技術開発により器を準備し、そこにコンテンツを入れればメディアになると思っている。ひと頃ハード開発からソフト産業へとメーカーの戦略変更が注目されたが、その成功企業とみなされるソニーにしても、メディアを生んだわけではない。

メディアを生み出すのはユーザーであり、ユーザーがどのような楽しみを見つけ出すかが「新メディア誕生」の鍵となる。

巨大資本とアンドレ・シフレンに学ぶ出版

日本の書籍売上は96年の1兆円余をピークに下り坂となり、今では10年前の市場規模以下となった。一方、米国の書籍売上高は経済失速や同時多発テロを経験しながらも、この10年間、好調を堅持している。02年の書籍売上は約270億ドルで、10年間で100億ドルの増加である。

その理由としては、メディアコングロマリット（巨大資本）の再編が進み、その傘下に入ることで出版社が経営の効率化と投資の集中化を図ったことにある。

では、売上を伸ばすことが出版社の使命となったとき、読者と編集者にとってハッピーなのだろうか。これに対し痛烈なまでにノーと答えているのが、03年に来日し、講演を行った米国の編集者アンドレ・シフレンだ。

シフレンはランダムハウス傘下の名門書籍出版社パンセオンの元社長で、90年より独立系NPO出版社「ザ・ニュープレス」を率いている。最近ではピュリッツァー賞を受賞し、日本でも評判となったジョン・ダワー『敗北を抱きしめて』を刊行した。

出版メディアの再編

出版界の再編は、RCAによるランダムハウスの買収から始まる。しかし、巨大メーカーが出版ビジネスを理解することはなく、ほどなく手放すことになる。

メディア王ニューハウスがランダムハウスを購入した際、6000万ドルにすぎなかった評価額は、合併吸収を繰り返すことで80年代の10年間で8億ドルを超えるまでふくれ上がっていく。この驚異的な成長にもオーナーは満足せず、本を読んだこともない銀行家が出版部門の指揮を執ることになる。

日本の書籍売上……09年は8492億円。雑誌は1兆864億円で、出版市場は2兆円となった。

ピュリッツァー賞……アメリカで新聞などの印刷報道や文学、作曲に与えられる最も権威あるとされる賞。

ランダムハウスの出来事は、他のすべての出版社に起きたことでもあった。コングロマリットによるメディア支配が進行する米国では、今や五大メディアグループで出版市場の約8割を独占している。経営陣は新聞や映画の利益率を出版部門にも要求した。この結果、収益を上げる本が他の収益率の低い本を支える構図が否定され、すべての書籍に売上至上主義が徹底されたのである。

出版の良心ともいえるパンセオンは解体された。ランダムハウスはバブルな赤字体質となってドイツのコングロマリット、ベルテルスマンに身売りされる。

『理想なき出版』が伝える危機

「コングロマリットによる支配を許すと、二度とは元に戻らない」。シフレンは講演でも、また彼を招聘するきっかけともなった、その著書『理想なき出版』（柏書房、02年）でも、再三繰り返し警告している。

収益だけが決して本の評価ではない。最も大きな弊害は本の多様性が失われ、権力にとって不都合な「声」が人々の耳に届かなくなることであるという。「9・11」（01年9月11日のアメリカ同時多発テロ）以降、ブッシュ政権を批判する本は極めて例外的という。「イラク戦争」では、市民の反戦運動を抹殺する形で、愛国心をあおり立てる本の出版が続き、政権支持の世論作りに貢献した。

インターネットに対しても、その利便性は認めるものの、将来的にはコングロマリットが支配していく構図になると考えている。

ミッド・リスト（日本では人文社会学の教養書）の出版は不可能だといわれるなかで、シフレンが選んだのはNPOでの出版活動であった。ヒントは学術書を出版する大学出版局などにあった。

シフレンを囲む懇親会場で、彼に「大学出版の編集者」と名乗って挨拶した。伝え聞いていたとおり、米国の大学出版局も理想的な出版活動ができる環境とは言えなくなっているという。大学当局から収益事業としての圧力が高まっているからだ。

今、日本では大学出版局の設立ブームである。しかし、その根底にあるのが大学生き残り策として収益への期待である。大学人にこそ、お金ではなく理念としての出版文化を語ってほしい。

マンガを液晶読書端末で読むか?

03年の4月、東京国際ブックフェアに間に合わせるかのように、松下電器産業から電子書籍端末「ΣＢｏｏｋ（シグマブック）」が発表された。見開き2枚の対になった液晶ディスプレイからなり、ボタンの数が少ないので、ＰＤＡのような印象はない。

ディスプレイには、一度表示した画面をほとんど消費電力をかけずに維持できるコレステリック液晶を用いている。解像度は印刷物と同じ程度の１８０ｄｐｉで、反射光で読む。単3電池２本で3～6ヵ月もつという。最先端技術を用いて、一生懸命本のまねをした電子機器といったところである。ニュースリリースには「マンガの吹き出し文字もストレスなく読むことが可能」とある。

繰り返される言説

ΣＢｏｏｋのコンセプトはとても明白だ。電子出版市場をブレイクし、読書端末を普及させるために「限りなく本をまねる」ということである。紙と同じ解像度、反射光での読み、なによりも「見開きの実現」。

本は例外なく見開きで読む。だから読書端末も見開きにしなくてはいけない、といった「理屈」は20世紀末に行われた電子書籍コンソーシアム実証実験から繰り返されてきた。その意味でΣBookは、電子出版関係者の悲願達成とも言える。

なぜ、見開きにこだわるのか。「マンガを読むため」という説明も何度となく聞かされてきた。日販が行った書店のサンプル調査によると、マンガ週刊誌を含む雑誌の売上が36・5%、単行本コミックが18・2%。仮に一番売れているコンテンツが市場を引っ張るとすれば、電子書籍のキラーコンテンツはマンガになる。

紙でしか成立しないマンガ

日本人なら誰だって、マンガ雑誌を開くと反射的に右上のコマに視線がいき、左下に向かって読み進めていく。一方、アメリカンコミックスは左上から右下に向かって読む。マンガを米国に売り込むため、彼らの読書習慣に合わせて裏焼きにすることもある（日本人はみんな左利きだと思われた、というオチがある）。

逆説的な見方だが、「見開き2ページでなければマンガではない」とすれば、そもそも液晶ディスプレイで表示した段階で「マンガではない」ことになる。表紙デザイン、紙質、インクの色、厚さ、角背か中綴じなどの製本様式。いくつもの要素の組み合わせで少年マンガ誌、青年コミック誌、女性コミックが特徴づけられてい

コレステリック液晶……液晶材料の1つ。光を透過するか反射するかの2つの状態を、電力を加えずに維持することができる。

ΣBook……左写真。

る。パッケージとコンテンツはもともと不可分の関係にあり、極論すれば「印刷物」を読む行為の中で、はじめて「マンガ」というメディアになっている。このとき、紙との親和性は無視できない。

この点に関し、『印刷雑誌』に連載している「わたしの印刷手帳」(尾鍋史彦)の03年8月号に次の記述があった。「現在は技術とそれがもつ経済性に強く依存した印刷メディアの未来予測が大手をふってまかり通っているが、欠けているのはメディアの人間との親和性という問題である」。

コンテンツのネット流通は、インターネットが生んだ神話として盛んに喧伝され、様々なビジネスが試みられている。だがコンテンツはメディアと分離しては読者の前に存在し得ない。

文字コードデータとして送られているeメールは、ディスプレイに表示したり、紙にプリントアウトするしか読むことはできない。映画には映画の、テレビドラマにはテレビドラマの作法があるように、紙と親和性の高いマンガをディスプレイで表示した段階で、すでに「別の何か」なのである。

「デジタル万引き」は違法万引きか?

昼休みにコンビニへ行くと、雑誌コーナーの前は立ち読みする学生やサラリーマンで占拠されている。二重三重になって立ち読みする人々で、目当ての雑誌には手が届かない。休み時間の暇つぶしを兼ねているとはいえ、特集記事や発売日に合わせて連載漫画を読みに来ている人も多いようだ。

「通行のじゃまにならないように願います」という掲示はあるものの、書店と違いストレートに「立ち読みお断り」と掲げた張り紙はない。雑誌は集客効果も高く、痛し痒しなのかもしれない。

「デジタル万引き」の横行

お金がなくても読書欲と時間だけは有り余るほどにあった10代の頃は、書店に日参して何冊も読破していた。新刊点数が増加を開始する70年代に高校生だった僕らにとっては、本を丸ごと立ち読みすることは当たり前のことだった。

立ち読みの経験は誰でもあると思うが、万引きとなると違法行為で話は別である。では、店頭の雑誌をメモする行為はいかがだろうか。以前は、情報誌からメモをとる若い人たちの姿をよく見かけた。「メモをとらないでください」という書店の張り紙も見たことがある。

メモの延長上にあって、最近、書店で問題になっているのが「デジタル万引き」である。カメラ付きの携帯電話を使って、店頭にある情報誌などの必要箇所だけ写し取っていくのである。朝日新聞記事（03年8月8日付）は「旅行関係やタウン誌、就職情報誌が頻繁にとられる。販売部数への打撃は想像もできない」といった書店の声を紹介している。

日本雑誌協会では「店内で、カメラ付き携帯電話などを使って情報を記録することはご遠慮ください」と書かれたポスターを作成したところ、書店の希望が殺到してわずか1ヵ月で用意した3万3000枚がなくなったという。

著作権侵害にはあたらないが

何でも気楽に撮影する彼らにすれば、当然の行為かもしれない。またインターネットで無料情報を入手することに慣れており、細切れの情報の寄せ集めにすぎない雑誌記事から情報を入手することに罪悪感を感じないのだろう。

迷ったとき、コンビニに寄って道路地図を確認したことが何度かある。さすがに後ろめたくてメモをとらず、一生懸命記憶することになる。メモリする箇所が脳ならば単なる立ち読みで「アナログ万引き」とは言わない。メモ帳でも道義的な問題はあるが万引きではない。それがＩＣへのメモリになったのである。デジタル「万引き」と言うのには、ネーミングの妙に感心はするものの、やはり立ち読みの延長ではないかと思う。

コピー機が普及し始めた頃、書店に置かれたセルフコピー機の前に「未購入の本をコピーしないでください」といった張り紙がよくあった。本の所有者（書店）に断りなくページ単位でコピーするのであるから、ここまでくるととがめられても仕方がない。

一方、デジタル万引きがコピーするのは紙面の一部にすぎない。文化庁著作権課の解釈でも、コピーを配布したりせず、私的利用の範囲ならば著作権侵害にはあたらないという。

魅力ある企画を2本立てろ！

週刊誌の世界では、読者が読みたいと思う記事が1本だと立ち読みで終わるが、2本あれば購入する、と言われている。雑誌が企画記事で読ませるのではなくコラム中心となり、広告と連動したカタログ雑誌やイベントをレイアウトした情報誌が売れるようになって久しい。雑誌の主流の流れ着く先は、インターネット情報に取って代わられるだけだったのである。

おそらくデジタル万引きを禁止したところで、情報誌の売上が伸びることはないだろう。デジタル万引きはインターネットが普及した今、情報誌の役割が終わりつつある象徴なのである。

電子書籍の終わりと始まり　相次ぐ大手の撤退

03年9月9日に大手オンライン書店であるバーンズ&ノーブル・コムが、電子書籍の販売中止を発表した。バーンズ&ノーブル・コムにはベルテルスマンが米国BOLを解散して一時資本参加していたが、最近、提携を解消した。リストラの一環として電子書籍販売の中止を決定したとも考えられる。

余談ながらURLは、スタート時の http://www.barnesandnoble.com/ が長すぎるので http://www.bn.com/ とし、さらに多額の費用で買収した http://www.book.com/ もある。メディアコングロマリットであるベルテルスマンと組んでも何をやっても、オンライン書店での出遅れは取り返しがつかなかった。

ダニエル・ブラックマン副社長は「予想ほど売上高が伸びなかった」と説明し、小説などの一般書では「書籍と十分な価格差がつけられないこと」や「技術面での使いにくさ」を市場拡大の阻害要因にあげている。

事実、米国の電子書籍市場は03年上半期で前年比3割増とはいうものの、推定500万ドル止まりである（日経産業新聞03年10月11日付）。

年間で十数億円では市場規模はかなり小さい。これでは日本の大型書店単店舗の売上にもならない。ちなみに単店舗で100億円の売上を最初にあげたのは大阪の紀伊國屋書店梅田店である。

ジェムスターもすでに撤退

米国で電子書籍からの撤退ニュースは、03年で2件目である。6月18日、読書端末を孤軍奮闘して売り続けていたジェムスターが販売中止を発表している。ニュースリリースには「困難な市場のもとでは販売継続は不可能」と正直に書かれている。前年10月に行われたフランクフルトブックフェアでは、電子書籍総崩れの中で唯一の展示だったと聞くが、すでに低迷は伝わっていた。

ジェムスターはテレビ録画Gコードの発明で巨額の富を築いたヘンリー・イェンが、全米最大の発行部数を誇る雑誌『TVガイド』ごと買収した企業である。さらに、電子書籍の将来を期待して00年1月に、電子書籍ベンチャーの「ロケットブック」と「ソフトブック」の両社を買収した。

当時、スティーブン・キングの新作がインターネットで配信され話題となっており、バーンズ&ノーブル・コムがアマゾン・コムに先駆けて、いち早く電子書籍の販売を開始したのもこの年である。フランクフルトブックフェアの直後に、ジェムスターはメディア再編の巨大な波に飲み込まれ、ニューズ・コープの傘下に入っている。収益性を何よりも重視するメディアコングロマリットにあっては、不採算部門をたたむのは当然のこと。誰も買って読まない電子書籍事業からの撤退は、時間の問題だった。

逆風下にΣBook船出

バーンズ&ノーブル・コムから撤退を伝えるeメールニュースが手元に届いたのは10日早朝。この日、皮肉にも日本では、「電子書籍ビジネスコンソーシアム」の設立発表があった。松下電器、東芝のほか、イーブックイニシアティブジャパン、勁草書房の4社が代表発起人となっている。

コンテンツの拡充や著作権保護技術、流通の確立などがうたわれているが、誰にもわかるように実態は、松下・東芝による「ΣＢｏｏｋ」コンソーシアムである。ライバル社の動きに対しＳＤカード連合が先手を打ったのであり、明らかにデファクトスタンダードの覇権争いとわかる。

マスコミ操作が巧みだったとは言え、「出版業界に標準化の動き」と報道した全国紙は、状況がちょっとわかっていない。

新聞の将来像を誰が描くか

若い人が新聞を読まないと、よく指摘されている。したがって、新聞社の購読キャンペーンは「社会人になったら……」とか、若手タレントを登用して若年層に訴えかけることになる。確かに大学受験のために「天声人語」だけを読み、就職活動に備えて日経新聞を読み始めた人も多いと思う。

教材に新聞を活用する活動が、ＮＩＥ（Ｎｅｗｓｐａｐｅｒ Ｉｎ Ｅｄｕｃａｔｉｏｎ）「教育に新聞を」である。小学校で熱心に取り組まれているが、大学でも取り組む必要がある。

電子ペーパーの調査研究のために、大学生にグループインタビューをしたときの

電子書籍ビジネスコンソーシアム……03年9月に発足したが、実質的な成果をあげることはなかった。

ことである。驚いたのは、彼らの親がすでに新聞を購読していない世代になっていることだった。では、新聞に親しんでいないか、というとそうでもない。新聞社のニュースサイトを利用しているのである。

映画が描く新聞の将来像

スピルバーグ監督作品『マイノリティ・リポート』(02年)には、数々の未来コンセプトの装置が使われている。21世紀半ばにおける近未来を舞台に、交通機関、通信機器、医薬品などとともに、ちょっとだけ「電子新聞」が登場する。主演のトム・クルーズが地下鉄で逃げるシーンで、乗客が読んでいたのに気づかれただろうか。紙の新聞と同じ形状ながら、天気予報が次々と変わり、写真は動画で紙面全体がウェブのニュースサイトのようだ。

映画スタッフは「現実的な未来」を描くために最先端企業を取材したという。その際、電子新聞のコンセプトを提供したのは、新聞社ではなく電子ペーパーを開発中のEインク社だった。新聞の将来像が未来志向のベンチャー企業によってもたらされたことが、新聞社の将来を暗示している。

19世紀半ばに大量印刷が可能な高速輪転機が発明されて、新聞はマスメディアに生まれ変わった。電子ペーパーもまた新聞に革命をもたらす可能性が大である。

人気ニュースサイトの理由

ニュースサイトの利用率トップがヤフートピックスなのは、新聞関係者というより若者の常識である。新聞は1紙だけでなく併読しろとよく言われるが、ニュースのインデックスサイトを利用すると報道記事の取り上げ方に偏りがあるのがよくわかる。

また、ニュースサイトを利用していると、リンクされていればよいのに、と思うことがある。記事のニュースソースや関係する機関、組織は多岐にわたっている。新聞紙という閉じた媒体で読んでいるうちは気づかなかったが、リンクされていれば、ニュースを深く読み込めるはずである。しかし、新聞社のサイトは他へリンクせず自社情報で完結させている。リンクというネット文化を活かしていないのである。それはなぜか。

1つにはリンク先の情報に責任が持てない、という考えに基づく。1社が提供しているサイトでも、ページを開いているうちにウェブサーバーが切り替わっていることは多い。ましてリンクを張り始めたら、新聞社の提供情報と他社のサーバー情報が読者から区別がつきにくくなる。誤解した読者からクレームがくるくらいなら、いっそのこと社内情報だけで閉じておこう、ということである。

さらに個別記事へのリンクを拒否している社も多い。リンクは認めるものの原則的にトップページに限ったり、リンクを張った場合は連絡を求めている社が多数派ではないだろうか。

一方で、新聞社は貴重な資源を使って取材したニュース情報を無料でネットに流し続けている。ネット文化を理解することと、ネットビジネスを構築することをはき違えている。

ラジオやテレビが普及しても新聞が残ってきたことを考えると、文字情報による

Eインク社……97年にMITメディアラボから独立した電子ペーパーを開発する米国マサチューセッツ州のベンチャー企業。Eインクは同社が開発したモノクロの超薄型ディスプレイの名称でもあり、02年6月に発表された。薄くて軽量で紙のように折り曲げることができ、視野角も180度近くある。会社は09年に台湾のPVIに買収された。

ニュースの取得行動は今後も長く続くと思う。問題なのは、サービス形態が変わっても、ニュースビジネスを成立させる方法である。

ソニーの電子書籍レンタルモデル

松下電器のΣBookに続き、噂になっていたソニーの電子出版事業が発表になった。このソニーを中心とした新会社「パブリッシングリンク」の設立発表会では、電子ペーパーが使われた電子書籍端末が参考出展されている。新会社がどのような電子出版ビジネスを展開するのか、検討してみたい。

ソニー大手出版・印刷連合

パブリッシングリンクには、ソニー、講談社、新潮社、大日本印刷、凸版印刷の5社に加え、全国紙2社や筑摩書房、岩波書店など長年CD-ROM出版を手がけてきた出版社が参加している。陣容だけを見ると電子出版の経験も豊富で、その難しさや面白さをよく知っている面々が並んだ。

ポータルサイト「Timebook Town」を04年春に開設し、会員制度により電子書籍の配信を開始する。ここでは2種類のサービスがあり、「Timebook Library」では好みの本を1冊ずつ閲覧読書でき、「Timebook Club」は文芸やビジネスといった分野ごとにお薦めの本を、固定料金制により毎月5冊ほど閲覧する。

特徴はなんと言っても、電子書籍コンテンツの「レンタル」である。今までの電子書籍販売では、1冊ごとにコンテンツをダウンロード購入していたが、このサービスでは期間限定による閲覧読書となる。予定の閲覧期間は2ヵ月。まさに「タイムブック」なわけで、これによって価格を安く設定できるとのことである。

コンテンツ「レンタル」の成否

デジタルコンテンツをダウンロードする方式で、必ず問題になるのが不正コピーだ。音楽コンテンツがネットで不正に交換されていることに、出版社や作家はかなり神経質になっている。

市場が立ち上がる前にコンテンツホルダーの自己規制が働く一方で、セキュリティを強くすれば購入や利用が不便になってユーザーの支持は得られない。レンタル方式の導入により、出版社がコンテンツを安心して提供できる環境になったとは言える。でも、それだけでよいのだろうか。

レンタル方式を採用した発想には、新古書店の販売が好調なことや図書館貸出率が高いことも関係しているだろう。確かに短期間に読み捨てられて新古書店に持ち込まれる本は多く、また図書館での貸出率も高い。いずれも出版界が問題視していることではあるが、本は借りて読むという読書スタイルが確立されたとも言える。また若い世代は、ケータイメールで1日に多くの文字を読んでいる。必ずしも本を購入するだけが、「読む」ことにはなっていない。

パブリッシングリンク……現在では携帯向け総合電子書籍サイト「yomi‥na」（よみーな）を開設し、携帯向け事業を中核にしている。TimebookTownは09年2月末で閉鎖した。

だからと言って、期間限定レンタルが読者に受け入れられるかと言えば、それも疑問だ。なぜなら、それは既存の出版ビジネスを侵さないという出版社の都合であり、読者の要望に応えることとは異なる発想である。

「値段設定」も難しいところだ。現在、電子書籍は本の2次利用で制作されており、原価回収は終わっている。オリジナルの電子書籍を制作すれば、それなりの開発費がかかることになる。

デジタルコンテンツを購入しても所有した実感は湧かない。一方で本は装丁、紙質、重量感などによって物理的に存在し、所有する満足感がある。電子書籍が物理的存在感が薄い分、かなり感覚的に安い価格を設定しないと、読者には受け入れられないだろう。

いつまでも「電子書籍元年」

03年は低迷中だった電子書籍市場に大きな変動があった年になった。米国から相次いで伝わる電子書籍撤退に対して、日本では松下電器に続きソニーの参入である。ただ、一部で「電子書籍元年」といった表現が使われているが、もう何度も「元年」とうたわれながら、いまだ年を重ねていないのが電子書籍である。

アマゾン・コムの進化と書籍全文検索機能の波紋

米国アマゾン・コム社が03年10月に提供開始した書籍全文検索サービス「サーチ・インサイド・ザ・

ブック」、もうお試しになっただろうか。これまでオンライン書店での検索といったら、書名、著者名、出版社名に解説中のキーワード程度であった。それが新サービスでは書籍の本文を検索し、立ち読みすることができるのである。

「本のグーグル」と呼ぼう

全文検索の対象書籍はスタート時点で12万冊、約3300万ページにもおよび、出版社190社以上との提携でアマゾン・コム社がすべてスキャニング、データベース化したという。今まで通り、検索窓からキーワード入力するだけで、そのキーワードを含むすべての本をリストアップし、ユーザー登録している人ならば、そのページと前後2ページまで閲覧することができる。本文は画像データであるが、そのキーワードにはちゃんとマークが重なって表示される。

グーグルに対抗するために、検索エンジン開発会社の設立を発表してから、わずか1ヵ月後。相変わらずのスピード経営ぶりである。もちろん、かなりの準備と資金が必要だ。すでに01年に表紙をめくって一部のページを閲覧できる「ルック・インサイド・ザ・ブック」サービスを開始しており、当時から次のサービスに向けて計画されていたことがうかがえる。

創業者CEOであるジェフ・ベゾスは、ニュースリリースで「イノベーションは顧客の体験を増すことができる。サーチ・インサイド・ザ・ブックはその好例である。我々は人々が欲しい本を探すためのまったく新しい方法を提供している」と、自信に満ちた発言をしている。もちろん使ってみれば、その便利さにうなずかざるを得ないし好意的な反応も多い。

読者の支持と出版社の対応

米国の著作権保護政策に異を唱え、『コモンズ』などの著作があるレッシング教授も「驚くほどクール」と賛辞を送っている。また「本のグーグル」と呼ぼう、と書かれた新聞記事では、問題は立ち読みした後でユーザーが本を買うかどうかである、としている。

続報はアマゾン・コムからである。導入後5日間の対象書籍の販売実績は対象外の書籍を9％上回り、さらに37出版社が参加を申し出てきたと発表があった。

もちろん好意的な反応ばかりではない。ページ数が限定されているとは言え、全文検索可能な書籍の中にはリファレンスなどもあり、1ページ読むだけで要件が終わってしまう本もある。だいたいキーワードで検索し本文を読むことができるといえば「図書館」である。すでに月極定額料金による電子図書館サービスは、オライリーが中心となった「サファリ」などがある。

サファリに積極的に参加していて、アマゾン・コム社のサービスに参加を見送った出版社の1つがオライリー社である。ティム・オライリーはアマゾンの新サービスは本屋の立ち読みに近く、ある種の本は売れる機会が増えるが、ときどき参照すればよい本には潜在的な問題があると指摘している。

ジョン・ワイリーは実用書や料理本も含み5000タイトルを追加するという。

ランダムハウスは一部を除外し、小説、ノンフィクションなどの読み物で参加する

サファリ……サファリブックスオンライン。オライリー、プレンティスホール、マイクロソフトプレスなどが提供する会員制電子図書館。PDF表示だけでなくHTML表示もでき、全文検索も可能。コンピュータ技術書系が中心。

アマゾン「なか見！検索」……05年11月に日本でサービスを開始した。170ページ参照。

など、各社様々な対応である。

著者の反応

一方、今回のサービスが作家の著作権許諾がなかったことで、作家団体の反発を呼んでいる。作家協会は全会員宛のｅメールで問題点を指摘している。アマゾンもサービス開始時にあったとされる印刷機能を停止したと発表した。

とは言え画面のキャプチャはできる。テキストデータのダウンロードに慣れた米国人には不便かもしれないが、日本の書籍では画像データの電子書籍は多い。もちろん、日本での実現は当面、困難なサービスである。

ケータイ電子書籍で売れた芥川賞受賞作

最年少の芥川賞受賞として話題になっている綿矢りさ著『蹴りたい背中』（河出書房新社）が、電子書籍版としては好調な売れ行きを示している。04年1月15日の受賞発表から1週間で、約1000部を受注したという。電子書籍としては「異例」の販売部数だ。

電子書籍版は、03年8月に紙の書籍と同時に発売されており、読者の間で認知度が高まっていたと言える。販売価格は紙が本体1000円に対し670円と3分の2である。紙の書籍は受賞前までに35万部のベストセラーとなっていて話題性もあり、受賞と同時に書店店頭で品切れが発生した。

このため増刷するまで電子書籍が「つなぎ」役になったことも販売部数を押し上げた要因である。

綿矢りさのデビュー作は、17歳の高校生時代に執筆し、文藝賞を受賞した『インストール』である。この作品も紙と電子の同時発売をし、これまで2000部を販売していて読み物系電子書籍としてはベストワンである。もちろん電子書籍で異例のベストセラーと言っても、1000部や2000部である。紙の本の販売部数が35万部であるのに対し、電子書籍が占める割合はわずかである。

携帯電話への書籍配信

『蹴りたい背中』が売れている理由のもう1つに、携帯電話での電子書籍販売が好調な点がある。背景にあるのは、携帯電話の普及台数とケータイ音楽コンテンツ市場の急成長である。市場が未知数な電子書籍専用端末や伸び悩むPDAに比べ、携帯電話の03年の販売台数は5220万台と桁違いである。普及台数は8000万台となり、いまや国民生産年齢人口（15〜64歳）に近づきつつある。

携帯電話の画質が向上し、QVGA（320×240画素）液晶ディスプレイを搭載した最近の機種ならば、1画面に300文字を表示することができる。文庫本は1ページあたり600文字であり、ちょうどその半分である。

さらに、伸び悩むネット音楽配信事業と異なり、着信メロディーの市場は00年の約134億円から03年には1085億円と急成長した。この着信メロディーの配信システムとビジネスモデルを参考に、携帯電話に向けて電子書籍を配信しているのが、（株）ミュージック・シーオー・ジェーピーである。03年6月よりEZwebの公式サイトで「快読！　ケータイBookクラブ」を開始した。

一方、出版社として携帯電話への小説配信を最初に手がけたのは、02年1月にスタートした新潮社の「新潮ケータイ文庫」だ。1年後に会員数は1万人を超え、iモードで配信を開始すると会員数は急増した。今では採算分岐点である2万5000人から3万人に達する勢いである。

文芸書中心の同社では、読者層の高齢化が目立っていた。携帯電話のユーザーは若く、ケータイ文庫で20代の女性を中心に若年層を取り込めたことは、大きな成果である。紙の本を読まない若者に対し、携帯電話による読書回帰が期待される。月額100~200円で読み放題になるのも魅力なのかもしれない。

ケータイ書き下ろし作品

新潮ケータイ文庫で注目したいのは書き下ろし連載である。従来は雑誌連載を単行本にし、その後、文庫化していた。ケータイ文庫はむしろ雑誌と同様で、連載後に単行本化した作品として乃南アサ作品など、すでに6冊を数える。

同じく文庫を持つ出版社である角川書店も03年8月から、「文庫読み放題」サイトをスタートした。会費は月額300円で新潮ケータイ文庫同様、通信費を別にすれば読み放題となる。携帯電話への配信ならば、ユーザーに抵抗感を持たせないでコンテンツ料を取ることができる。

携帯電話で小説を読むようになったのは、画質の向上だけではない。社会的な文脈でメディアの成立を考える必要がある。

QVGA……VGA（ビデオグラフィックアレイ、640×480画素）の4分の1（Quarter）の画素数であることから呼ばれる。PDAや携帯電話に採用されている。

紙で読まないケータイノベルの誕生

今までの読み物系の電子出版物は、既存の小説やマンガをデジタル化したものが主である。一方、「新潮ケータイ文庫」では書き下ろし小説を連載することで、ケータイ発の単行本という流れを作りだした。

新潮ケータイ文庫担当の村瀬拓男次長によると会員数は3万人強で、印刷本でいえば原価が回収できる程度だという。最近のヒット作『いじわるペニス』（内藤みか）は、10万アクセスに達し、月平均6000から1万アクセスあるという。単に官能小説だから読まれているわけではない。ケータイ画面で1回に読める長さの中に、山場と次回への期待が巧みに盛り込まれていて、プロの技を感じる作品である。スポーツ新聞の連載小説を思い出していただいてもよい。ストーリー性と読み切りの両面を維持しながら、盛り上がりを作っている。

ケータイはアクセスログにより読者の反応がビビッドに返ってくる。作家と担当編集者にとって、勢い力が入るメディアという。

インディーズ系ケータイノベル

新潮ケータイ文庫に先立って、ケータイ発オリジナルとして自主配信されていた小説が注目され、その後、出版社から刊行された例がある。いわばインディーズ系のケータイノベルと言ってよいのが『Ｄｅｅｐ Ｌｏｖｅ』だ。

この作品は作者Ｙｏｓｈｉが00年5月に開設したケータイサイト（ザブンhttp://www.zavn.net）で無

料配信された小説である。連載配信を開始したところ、女子高生を中心に口コミで評判が広まり、なんとアクセス数が２０００万件に達したという。そこで自費出版により書籍化したところインターネットで10万部の売上を記録する。これに注目したのがスターツ出版で、02年12月に『Ｄｅｅｐ Ｌｏｖｅ―アユの物語　完全版』として刊行され、現在、シリーズ４作で１４０万部販売されているという。

ケータイで話題になったところで作者が自費出版して販売したことからもわかるように、無償で誰にでも読まれることを目的としたのではない。職業作家としてデビューするためのステップとして、デジタルメディアを利用したのかもしれない。ただし、そこでのビジネスモデルは確立されていない。収入を得るためには既存の出版モデル、つまり印刷本を売ることに頼るしかない。

ケータイのメディア性

一方、最初のメディアがケータイであったことが、内容に影響を与えている可能性もある。日本経済新聞（04年1月6日付）の記事によると「携帯の小さな画面で小説を読むのは骨が折れる。そこでアクセス記録から読者がつまずいたページを探し、漢字や表現をやさしく改めたところ、口コミで女子高生に広まった」とある。デジタルメディアの双方向性を利用して執筆したのだ。

ただし文芸評論の対象としては作品の評価はかなり低い。では、なぜ受けたのか。女子高生にとって身近な援助交際がテーマだったからだけではないだろう。

読み解くヒントとして、ケータイノベルの読者傾向がある。新潮ケータイ文庫のログを解析すると、会員のアクセスは夜の10時から午前1時の真夜中に集中する。村瀬さんは「バックライトでベットに入って読んでいる」読者の姿を描いてみせる。

「ケータイで読んでいるうちはよかったけれど、お金を出して本で読むほどではなかった」といった声もオンライン書店の書評にある。『Ｄｅｅｐ Ｌｏｖｅ』は陳腐なまでに常套句が多用されている。これを積極的に評価すれば、ケータイの読み返しにくい表示画面に合わせた文体とも言える。その作品が印刷本の意匠をまとった途端、読者は内にある文学に対する既成概念のメガネを通して読んだのかもしれない。電子書籍を考える上で、デジタルコンテンツとして生み出された（ボーンデジタル）作品は、多くのヒントを与えてくれる。

電子書籍端末の販売戦略は高機能で低価格だけ？

ソニーの電子書籍端末「リブリエ（ＬＩＢＲＩｅ）」が04年4月下旬に発売となった。表示装置にはＥインク社と凸版印刷が共同開発した電子ペーパーが使われている。先行して松下電器の「ΣＢｏｏｋ」も発売されており、価格はいずれも4万円前後と一般読者の間で普及をねらっている。

すでにユーザーに受け入れられた情報家電では、高機能で低価格の製品が市場を制覇していく。それは実にわかりやすく、開発目標の設定も簡単である。一方、電子書籍のような従来にない商品を展開する際、開発目標と市場投入のタイミングは難しいものがある。

先頃、（社）ビジネス機械・情報システム産業協会では、電子ペーパーの普及に関して、「平成15

年度拡大する電子ペーパー市場と機械産業の取り組みについての動向調査報告書」をまとめた。詳細は報告書に譲るとして、電子ペーパーのような新技術製品をどのように普及させるのかという提案を紹介したい。

新技術を核にした新製品・サービスの導入にあたっては、最初に「特徴を知ってもらうために独自性のアピール」と「将来を見通した設計」が大事である。とくにプレミアム性を訴えることができれば、最初は低機能、高価格でも構わないとする。

ちょっと考えると「最初は低機能、高価格」の商品が成功するとは思えないのだが、実は意外にも成功例は多い。その例としては、ソニーのエンターテイメントロボット「ＡＩＢＯ」やトヨタのハイブリッドカー「プリウス」がある。

技術が先か、ニーズが先か

初代のＡＩＢＯは、インターネットのみで発売され、３０００台が20分で完売して話題となった。スペックは4足歩行するということを除けば、ラジコンの自動車レベルだが価格は30万円強であった。仕事や生活に役立ちそうな機能は何1つないのだが、ロボットという未来を所有する夢を商品化してみせたのだ。売れる製品数は数千台しかないことを逆手にとり、稀少性を演出することでプレミアム的な価値を与え、話題作りの点でも成功した。

同様にプリウスのオーナーに対しては、環境に理解のある知的なイメージを売ることに成功している。高価格＝高級車＝高性能とは違ったコンセプトカーである。

リブリエ……左写真。

報告書では、このように先行事例研究を行い、高機能と低価格でいきなり普及をねらう商品展開とは、まったく正反対のプロセスを提案している。

ハイエンド商品としての投入

電子書籍のように、一見、出版の延長にありながら、まったく新しいコンセプトの製品技術が広く普及するには、技術の高機能化や価格よりも、社会的な要求の中で文化的なメディアとして利用されていくことが重要になる。このように考えてくると、ソニーや松下の電子書籍端末のように、最初から普及機として投入するのではなく、付加価値を演出したコンセプト商品としての市場投入の仕方もあったのではないだろうか。

先頃行われた東京国際ブックフェア２００４の会場では、電子出版ビジネスに取り組む各社が出展していた。その中で東芝は新たに試作した高精細カラー液晶を搭載した電子書籍端末モデルを展示した。明らかに高機能高価格のハイエンド機をねらっている。

確かに高精細カラー液晶には、開発現場でのマニュアル表示や設計図、研究所や医療現場での利用、電子図書館などでの高度なデータベース処理など、ニッチではあるものの必要とする現場が必ずある。それは価格を問わず購入する垂直な市場（バーティカルマーケット）とも考えられる。

高くても売れる商品をねらって東芝が参入してくるなら、先行するソニーや松下とまた違ったアプローチとして、興味深い展開が期待できるのではないだろうか。

電子書籍市場成立の絶対条件　標準化の必要性

ＩＥＣ（国際電気標準会議）の「マルチメディアとＡＶ機器及びシステム（ＴＣ１００）」におけるＡＧＳ（戦略諮問会議）が、04年5月18日にコペンハーゲンで行われた。ＴＣ１００における次のプロジェクトを検討する会議で、ぼくの役目は電子書籍の標準化提案であった。

と言うと、ちょっとかっこいいのだが、かつて英検3級を落ちて以来、入試英語以外は避けてきた身である。英語の発表と質疑応答はかなりハードルが高い。無事終えることができたのも、日本から参加した他のメンバーの助けを全面的にお借りしたからである。あとは、夜10時近くまで明るい北欧の歴史的街並みを眺めながら、地ビールを楽しんだ。

多様な電子書籍ファイル形式

現在、電子書籍のファイル形式とそのリーダーはかなりの種類が出回っている。文字系コンテンツでは、メールなどで配信されているプレーンテキストが一番汎用性は高いが、著作権保護が困難であり組版情報や文書構造を持たすことができない。構造化文書としてはＸＭＬベースのＸＭＤＦ、ドットブック、凸版印刷「Ｂｉｔｗａｙ-ｂｏｏｋｓ」でのｂｊ2がある。画像も対応したのではＡｄｏｂｅ ｅＢｏｏｋにも対応したＰＤＦが普及しており、さらに「10ＤａｙｓＢｏｏｋ」のマンガコンテンツ用であるｅｂｉ・ｊ形式、「電子書店パピレス」での写真系のデジブック形式、さらに電子書店パピレスや「青空文庫」などで利用されているエキスパンドブック、『現代用語の基礎知識』ＣＤ-ＲＯＭ版に利用されているＫａｃｉｓ Ｂｏｏｋなど枚挙にいとまがない。そこに加えて今回のソニーBBeB形式である。

これほど数多くては出版社、ベンチャー系のコンテンツプロバイダーや販売サイトにとってはたまったものではない。どれも決定的なファイル形式が存在しない中で、1つのコンテンツをファイルフォーマットの数だけ制作しなければならない。何よりも読者に負担を強いるばかりである。

一方、紙の出版物は多少のサイズの違いを越えて流通が可能である。どの出版社が作った本であれ、誰でもが読めるという完璧な標準のもとにある。電子書籍を本や雑誌並みに普及しようとすれば、標準化は避けて通れない。

文化継承のための標準化

本の多くはせいぜい数千部の印刷部数で、それを1000円ちょっとの値段で全国に流通させることで成り立っている商品である。これを実現するには制作コストをなるべく少なくし、制作から流通、販売まで共通インフラとする必要がある。印刷本はそれを成し遂げているからこそ、多品種少量生産が可能であり、多様な文化を担ってきたのだ。

電子出版と呼ぶのであれば、なによりも出版文化の継承があるはずである。絶版本の電子書籍化といった発想からわかるように電子書籍1点当たりにかけられる開発費は極めて少額である。ゲームソフトのように巨額の開発費がかけられるわけではない。

ebi・j……イービーアイジェー。イーブック・イニシアティブ・ジャパンが開発したファイルフォーマット。

多様なファイル形式の存在を認めたままでは、電子書籍が学術文化を担うメディアとして読者に受け入れられることはないだろう。なによりもファイル形式を統一しなければ、電子書籍を未来にわたる共通財産とすることが困難になる。

奈良時代の百万塔陀羅尼は世界最古の印刷物として今日に伝わっている。一方、90年代に現役だった5インチフロッピーディスクは、いまやドライブ装置を探すのも困難になってきた。またワープロ専用機のデータをもらって、読み出せなくて困ったことも多い。ハード環境を継承するだけでも困難な上に、多種にわたるリーダーが必要になるファイル形式が混在しているのである。もしかして21世紀初頭は、後の時代に文字情報が伝承されない、文化史の空白期間となる不幸な事態になりかねない。

電子ペーパーがもたらす新聞「紙」メディアの将来

(社)ビジネス機械・情報システム産業協会・電子ペーパー懇談会では、03年度、電子ペーパー概念のとりまとめや、ワーキンググループに分かれて国内外の関連市場動向の調査、視読性の実験などを行ってきた。僕もメンバーとしてユーザーニーズ調査や普及シーンの想定などに携わってきた。1年間の活動報告を兼ねて、「電子ペーパーシンポジウム」が開催された。僕は活動報告とともにパネルディスカッションの司会と、ちょっと慌ただしい1日だった。

新聞社と電子ペーパーの出会い

パネリストの1人として、服部桂さん（朝日新聞社総合研究本部主任研究員）に参加いただいた。科学部記者としてMITメディアラボへ研究者として派遣されたこともあり、マクルーハン再ブームの立役者の1人でもある。

そのほかのパネリストもメンツがそろっていて、発言のバックボーンもメディア論、情報デザイン、情報リテラシー、画像技術と話題も多岐にわたり、司会していても楽しいものだった。

なかでも電子ペーパーの登場は社内的にも衝撃が大きかったと語り始めた服部さんの話は、紙メディアの将来について示唆に富んだ興味深いものだった。

かつてMITメディアラボの研究発表会で電子ペーパーの基礎研究を見たという。それは後にスピンアウトしてEインク社をつくる研究者によるものである。最初の印象は、「新聞はヤバイ（危ない）」だった。帰国後、さっそく当時の『サイアス（科学朝日）』に記事を書いたところ、社外よりも社内が強い反応を示し、上司や社のトップから「新聞社はこのままで大丈夫なのか」と質問攻めにあったという。

紙に基づくビジネスモデル

新聞社はニュースを運ぶ媒体としてかなりコンサバティブ（保守的）に「紙」にこだわっている。確かにニュースをマス・デリバリーするには、紙に刷って配るのが今でも一番安く、早く効率的である。そのために新聞社は輪転機を社内に抱えた

サイアス……朝日新聞社発行。1941年に『科学朝日』として創刊された科学雑誌で、96年に改名したが00年に休刊した。

電気通信事業法……04年4月1日から改正法が施行。伝送路設備を保有する第一種電気通信事業と保有しない第二種電気通信事業の区分をやめ、許可制を廃止して登録・届出制にした。

装置産業である。また運送部門や全国の新聞配達店を系列化した配送部門も抱えている。

出版社が机と電話でできると言われる零細企業なのに対し、新聞社は記事の取材から印刷、配送まで、つまり上流から下流まで垂直統合した巨大産業である。巨大がゆえに急激な環境変化への対応が困難であり、恐竜のように死滅するのではないかという危機感がある。

それだけに電子技術に対しては積極的に取り組んできてもいる。ファックスを最初に実用化したのは新聞社である。服部さんの話では、電気通信事業法が改正されたときは、新聞社もやるべきである、という点で異論はなかったという。キャプテンシステムにも取り組んだが、新聞ビジネスに少しの影響も与えないままに終わっている。新聞社は新聞紙ビジネスに首までつかっているのである。

今では忘れられているが、新聞は「新しく聞く」と書くように本来は〝News〟の訳語として明治期につくられた造語である。当時ニュースは新聞であり、そのニュースを紙に印刷したからニュースペーパー（新聞紙）なのだ。ところがラジオやテレビ報道がある現在、新聞といったら紙以外を想像することはできない。

結局、新聞社は報道産業としては電子メディアを利用すべきであるとわかっていても、紙メディアの配信をビジネスモデルにし、巨大装置産業である今では急に舵を切れないのである。服部さんは「今日は上司が何人も来ているから本音は言わな

キャプテンシステム……キャラクター・アンド・パターン・テレホン・アクセス・インフォメーション・ネットワークシステムの略称。1984年に日本電信電話公社（現NTT）が始めた電気通信サービス。テレビをモニタとして利用し、アナログ電話回線で文字・画像による情報提供を行った。インターネットの普及により02年3月末で終了。

い」と笑わせながら、どのような通信メディアを利用しようと「報道の使命を堅持できるか問われている」とまとめた。新聞の将来はそうかもしれない。しかし、新聞社ビジネスの終焉が本音ではないだろうか。

記事風レイアウト『週刊デジタルポスト』への疑問

『週刊ポスト』を記事単位でネット販売する『週刊デジタルポスト』が、04年5月20日から有料配信サービスを開始した。

『週刊デジタルポスト』では、毎週月曜日発行の本誌から10本前後の記事を選び、パソコン画面で読みやすくレイアウトし直し、木曜日に1本単位で販売する。記事は巻頭記事が63円で、そのほかは1本42円。すべて買うと本誌よりいくぶん高めになる。

週刊誌を定期購読契約する一般読者は少なく、コアな愛読者も毎号、駅のスタンドやコンビニでの購入が中心である。当然、話題になった特集記事があれば売上は伸び、スクープにより売り切れたからといって増刷りすることはない。バックナンバーや特集記事だけを読みたいという読者需要は、容易に想像できる。

この背景には、かつて出版社のドル箱だった「週刊誌」が今や赤字雑誌になっていることがある。独自取材にかかる経費は膨大で、その記事をデジタル的に再利用できるならば、積極的に試みたいところだろう。

週刊誌的なレイアウト

『週刊デジタルポスト』のニュースリリースに、いくつかの特徴があげられている。「記事ごとに読める」「携帯電話で読める」「いつでも読める」はともかく、「誌面の雰囲気をそのままに、読みやすく再レイアウトする」という特徴には多少疑問を感じる。

パソコンやΣＢｏｏｋへの配信は画像データである。一見雑誌記事そのままだが、実は文字を大きくして、雑誌では5段組みとなっているレイアウトを3段に組み直している。また、タイトルも電車の中吊り広告や新聞広告を意識したものになっている。パソコンの画面上では、確かに5段組よりは3段組の方が文字も大きく読みやすい。しかし、編集部では「週刊誌風のレイアウトだから読みやすい」と考えている節がある。『ＭＳＮ毎日インタラクティブ』のインタビューに対して「長年培われた週刊誌のレイアウト」こそが、「週刊誌が持つ価値の1つ」であり、「雑誌の持つ躍動感を生かしたレイアウトが最大の特徴」であると関係者は答えている。

ビジネスとしてリスクテイクされて臨んでいる関係者には敬意を表するが、これをもってパソコンの画面で読みやすいというのは、はなはだ疑問だ。「紙面で読みやすい」の間違いではないか、と言いたくなる。

総合週刊誌の5段組レイアウトや、中綴じ製本スタイルは活版印刷時代に基本が

ＭＳＮ毎日インタラクティブ……マイクロソフトのポータルサイトＭＳＮ（日本版）のニュースページで、毎日新聞が記事を提供していたが、07年9月に終了した。

できあがっている。一部とは言え、つい最近まで活版印刷が使われていたことでもわかるように、短時間で記事を組み上げ、紙に大量印刷するに適したスタイルなのだ。さらに見開き中心の記事展開や大胆なキャッチタイトル、写真とリードの配置など、本文の白黒印刷で培われたテクニックが随所にある。

インターネットユーザーは、カラー表示、横長画面で横組みのウェブサイトに慣れている。縦3段組で、ディスプレイの大きさによっては拡大縮小やスクロールしなければいけない固定された画像表示を、はたして「読みやすい」と思うだろうか。

1つに統合された雑誌

紙面とウェブはまったく別なデザインコンセプトを持っている。雑誌は表紙から裏表紙までつながった1つの固まりである。特集記事からコラムに至るまで、さらには広告や紙質までが独立しているのではなく、トータルな存在としてその雑誌の味を作り上げている。手に持って読む物理的な存在の雑誌は、バラバラにできないから成り立っており、1つの編集方針のもとにある。

一部の記事だけを読みたいという要求は確かにあるし、必要性もある。でも、それはマスであるはずの大衆雑誌の中で、とてもニッチではないだろうか。

『電車男』の舞台裏　ネット投稿の著作権は誰のもの？

『電車男』が話題である。インターネット上の巨大な匿名掲示板「2ちゃんねる」が生みだした物語の主人公名にしてベストセラーの書名として、説明するまでもないかもしれない。

オタク青年が電車の中で暴漢に絡まれていた女性を助けたことから物語は始まる。青年は彼女に好意を抱くが、恋愛経験のない彼はどうして良いかわからずネットに助言を求めた。もてないゲームマニアのオタクと少し年上のおしゃれな美人の恋物語は、ネットの好意に支えられ恋愛成就に向けてリアルタイムで進行していくのだ。

ブームの背景には興味深い現象や演出がある。通常、読むに耐え難い罵詈雑言と不可解な用語が溢れる2ちゃんねるで、奇跡のように「好意」が連鎖したことについては、情報社会学の優れた論考がある（遠藤薫『インターネットと〈世論〉形成』東京電機大学出版局、04年）。

ネットでは物語が創作ではないかという指摘も多い。さらに書籍化される段階での「純愛物語」としての編集も行われている。本は共同執筆によるノンフィクションノベルとしてできあがったのである。

著作権の扱い

では『電車男』の本の著作権は誰のものになるのだろうか。書籍化が伝わると同

電車男……05年には映画化・テレビドラマ化されたこともあり、書籍発行部数が101万5000部を超えたと発表された。152ページ参照。

時に、著作権をめぐる論争も持ちあがった。

今までネット投稿を書籍にした作品として、2ちゃんねる管理人・西村博之編『思い出に残る食事』や2ちゃんねる選『忘れられないラブ「過激な恋愛」投稿傑作選』がある。いずれも2ちゃんねるの著作物とされている。

これらが投稿集であるのに対し、『電車男』は書き手の一方が電車男と呼ばれる人物であり、他方が多くの投稿者である。また、電車男が有名になったのは「中の人」が好意的な投稿を中心に編集して保存していたからである。本の著者名には中野独人とあるが、これは電車男本人と「中の人」と2ちゃんねる（西村博之）の共同著作物を表した名前である。

しかし、誰かを特定することは困難であるものの、原則的には掲示板に書き込んだ1人1人に著作権はある。2ちゃんねるサイトにも「掲示板への匿名の投稿でも著作権は認められています」と掲げている。ただし、アスキーアートのコピーや感嘆詞だけの記述に、著作権の成立要件である創作性があるか疑問もある。

著作者人格権と著作隣接権

2ちゃんねるは、投稿者に対して著作権に関する断りを入れている。その一文に「投稿者は、投稿された内容について、掲示板運営者がコピー、保存、引用、転載等の利用することを許諾します」「また、掲示板運営者に対して、著作者人格権を一切行使しないことを承諾します」とある。

「中の人」が独自に出版したのならば投稿者の権利主張も認められるところだが、今回の例では2ちゃんねる管理人が書籍化に関わっているため、法的な問題はないだろう。ただし「著作者人格権を一切行使しない」と断りを入れることに、強い強制力をともなうかは議論の余地がある。人格権は絶対的なものであり、他人によってそう簡単に抑制されるものではない。

また、書籍の奥付に「2ちゃんねる上における各投稿者の著作権自体は放棄されていませんが、一次著作者の特定及び証明が困難であること、ネット上の匿名共有リソースであり、基本的に連絡先不明の投稿であることから、著作隣接権者である2ちゃんねるに許諾を得ることで使用しています」とある。しかし2ちゃんねるに著作隣接権はない。

著作隣接権には実演家の権利、レコード製作者の権利、放送事業者の権利、有線放送事業者の権利があるが、2ちゃんねるはそのいずれでもなく、著作隣接権者にはならないのである。

ネット作品の書籍化が盛んなだけに著作権の所在を明確にする必要がある。

紙より電子文書が主流の時代へ

電子文書法が04年11月に成立し、05年4月から施行されることになった。この法律により民間企業に保存が義務付けられている文書について、紙だけではなく電子

著作者人格権……著作者がその著作物に対して有する権利の総称。人格的利益の保護を目的とする。第三者によっては著作者の人格的利益を侵害するおそれがあるため、著作物の利用を禁止する権利を認める。

著作隣接権……著作物の創作者ではないが、著作物の伝達・伝播の役割を果たしている実演家、レコード製作者、放送事業者、有線放送事業者に認められている権利。

的な保存でも可能となる。

同法はｅ－文書法とも呼ばれているが、正式には「民間事業者等が行う書面の保存等における情報通信の技術の利用に関する法律」および「同法施行に伴う関係法律の整備等に関する法律」である。一連の「ｅ－Ｊａｐａｎ戦略」の目玉施策の１つとされている。

企業では毎年決済処理した後で伝票や領収書、帳票類を7年間保管しなければいけない。このような財務諸表は法人税法により保存が義務付けられている。電子文書法の成立にともない、文書保存にかかわる関連法として、そのほか銀行法や証券取引法など２５１の法律が一括改正された。

現在でも会計処理をパソコンなどで行っていれば、会計データの電子的保存は認められている。この容認範囲を領収書や契約書まで広げようというものである。

紙文書で行っていた業務文書を電子化し、さらに文書管理も電子化することには大きなメリットがある。保存コストの削減だけではなく、紙代や印刷費、文書の輸送コストなども削減できる。文書の共有や検索、回覧なども簡単になるだろう。また注文書や領収書、契約書などはウェブによる電子伝票のやりとりとして可能である。これにより年間３０００億円の経費削減になるという。

技術的な課題

原本として扱える電子文書は２つに分けられる。１つはワープロなどで初めから

ｅ－Ｊａｐａｎ戦略

……01年に国家戦略として決定したもの。00年11月に「5年以内に世界最先端のＩＴ国家となることを目指す」として超高速ネットワークインフラの整備、電子商取引の大幅な普及の促進、電子政府の実現、人材育成の強化などを決めたＩＴ基本戦略がもとになっている。

電子的に作られた「オリジナルな電子文書」で、もう1つは紙で作成された既存の文書や手書き文書をスキャニングした「電子化文書」である。

当然、このためには電子文書の永久保存や原本性の確保、改ざん防止などの措置が必要となる。比較的に簡単なのはオリジナルな電子文書である。電子署名によって同一性を保証すればよい。

一方、電子化文書はさらに技術的な課題がある。まず手書き文書をスキャニングした場合、原本とするだけの解像度が必要である。文字が判別しにくいようであれば原本とはならない。また、スキャンデータが元の文書と同一であることを、作成に関わった誰かが保証しなければいけない。人による同一性の保証と改ざん防止のために電子署名が必要である。さらに、あたかも過去に存在していたかのように時刻を改ざんされないためには、時刻認証という存在証明が求められる。

電子文書の長期保存

長期にわたる保存のことも考えなければいけない。以前、ある社会学者を訪ねたところ、定年のため大学の研究室を引き払う作業中であった。社会調査データが収まった何巻ものMT（磁気テープ）を前に「書いた論文は紙で残っているが、このテープは読み取る機械がない」と言うのである。おそらく70年代から80年代に作られた、多くのコンピュータデータが同じ運命にあることだろう。

個人が利用している限りでは、MTどころか8インチや5インチのフロッピーディスクも読むことが難しくなっている。法律が決まった以上、ファイル形式、記録メディア、リーダーソフト、さらにOSやハードウェアまで保存しておく必要がある。

すでにウェブ公開されている官報などには、電子署名や時刻認証がされている。一口に電子文書法の成立と言っても、誰でも利用できるが誰にも改ざんできないようにする技術的解決があってのことである。

これからは紙の文書が「主」で電子文書が「従」であった時代から、主従関係が逆転し、電子文書が「主」となる時代になっていく。その結果、今まで以上に多量にデジタル的な文字が溢れ、読み書きされることになるだろう。

デジタル活字の信頼性　文書と出版物の違い

電子文書法が対象としているのは、文字通り「文書」である。現在、紙の「文書」と「出版物」は、同じ文字を主とした印刷物でありながら概念としては明確に区別されている。しかし、デジタルコンテンツに変換すれば両者に違いを見い出すのは困難だ。もし違いを見つけるとすれば、元がマニュアルや書類のような文書だったか、編集された出版物だったか、読み手の記憶によって認識されているだけである。

僕は電子書籍を「文字・画像情報をデジタルデータに編集加工して、CD-ROMなどの電子メディアやネットワークにより配布する出版活動」と定義している。電子書籍の標準化を議論していて、この定義に対して「出版活動と言わなければ、電子文書と区別がつかない」と指摘されたことがある。

確かに電子出版を文字情報の電子化による流通ビジネスととらえれば、電子文書（デジタルドキュメント）と区別がつかなくなる。当然と言えば、当然である。書籍、雑誌という「本」と、ビジネスにおける文書、パンフレット、チラシなどの「印刷物」の違いは多分に経験的で主観的である。国際規格ISO 9707：1991では、各国の出版統計の標準化を図る目的で、本を「表紙をのぞき、49ページ以上の不定期刊行物」と定義している。48ページまではリーフレット（小冊子）である。ページ数で分けるのは便宜的で明確であるものの、印刷物であることに変わりはない。例えば数百ページあるエンジニアリング・マニュアルは本とは認めがたいが、両者の違いはあいまいである。

本と印刷物の違いは、物理的にはわずかでありながら、文化的・社会的には大きな差を持っている。ところが文字や画像などのコンテンツを取り出してページ概念のないデジタルの世界に移すと、その区別はできない。紙という物理的な存在が持っていた概念から切り離され、均質なデジタルコンテンツになってしまう。

デジタル時代の信頼性

多くの人は、いまだ文字と紙の親和性の中にいる。例えば大事なeメールは紙に出力して読んで、ファイリングしている人がいる。彼らには、ディスプレイに表示された文字より、紙に打ち出された文字のほうが信頼性が高いのだ。

それはディスプレイの解像度といった技術的な問題だけでは解決されない。むしろ長い間に培われた読書習慣に関わっているのである。例えば、同じ紙の上の文字でも、ワープロ文字より手書き文字のほうが信頼性が高いと感じないだろうか。

今、どのようなシチュエーションで手書き文字が使われているか考えていただきたい。挨拶文ではワープロ文書より手書きが求められることがある。お礼状をワープロで書いても、名前だけは手書きする人も多くいる。さらに冠婚葬祭にあたっては、毛筆で手書きせざるを得ない状況も生じる。日本に限らず、欧米のサインが手書きであることの重要性は言うまでもないだろう。

では、歴史的に見て手書き文字がもっとも信頼性が高かったかと言うと、そうではない。12世紀までのイギリスでは、会計監査は文字で書かれたものでも読み上げられ、耳で聞くことによって行われていた。監査を英語でａｕｄｉｔ（オーディット）と言うのは、ａｕｄｉｅｎｃｅ（聴取）と同じ「聞く」という意味のラテン語に語源を持っているからである。

人類史上、声は文字に対して圧倒的に長い歴史を誇っている。驚くなかれ、文字は発明後、近世に至るまでの長き間、声の補助的立場に過ぎなかった。

声、手書き文字、印刷活字と置き換わってきた信頼性という流れの先に、デジタルデータの文字がある。人間の習慣というのは、技術的普及の後からついていくものなのである。

ネット発コンテンツ『電車男』のマンガ化

04年の出版物販売総額は２兆２４２８億円で、前年実績を０・７％上回った（出版科学研究所調査）。

出版物の売上が前年を超えるのは実に8年ぶりである。

また書籍が好調だったことにより、出版物の販売総額ではプラスに転じたものの雑誌は1・7％減と7年連続の前年割れである。なかでも週刊誌は4・9％減と大きく売上を落としている。

全体では雑誌と書籍の売上高は6対4で、雑誌が長い間、出版界の成長を支えてきた。ただし書籍は突発的な大ヒットで持ち直すこともあるが、雑誌は定期的な購読が中心で変動は概して穏やかである。今のところ雑誌は長期低落化傾向で、持ち直す材料が見つからない、といった状態である。

デジタル時代のフロー情報

雑誌の減少にはいくつかの理由が考えられる。1つは少子化による読者人口の減少である。売上の大きいコミック誌にこの影響が直撃している。

もう1つはインターネットやケータイの普及である。メディア接触の経費や時間の中でケータイが増えることで、雑誌が減っていることは間違いない。さらにインターネットがきっかけとなった情報環境の多様化、情報のフリー化がある。ネットで「タダ」で情報が取得できるようになったことで、情報収集にお金を投資する意識が低下している。

就職、アルバイト、住宅、レストラン、テレビ、映画といった分野で情報誌がどんどんフリーペーパー化しているのも、読者の意識変化に対応した結果である。

書籍がストック情報ならば雑誌はフロー情報である。時事的な情報が要求される週刊誌が、次にインターネットにシェアを奪われるのは容易に想像できる。

もちろん情報の鮮度だけならば従来から新聞や放送があった。そこで週刊誌は新聞には書けないような事件の切り口、人間描写、ゴシップ、読み物に特徴を見い出してきた。ところが、この分野には2ちゃんねるのように圧倒的な情報パワーを持った匿名ネット掲示板が出現した。それは情報収集のチャンネルが多様化しただけではなく、情報交換の魅力的な場にもなっている。ネットが週刊誌文化を飲み込んだとも言える。

ネットコンテンツのマンガ化へ

そのなかで、マンガの電子書籍化は、徐々にではあるが売れ筋が出てきた。

マンガはもともと大部数のメディアである。長期連載の人気マンガである『美味しんぼ』のように20年で1億冊を突破したものもある。そのマンガの人気をベースに初めて売れた電子書籍が、武論尊・原哲夫『北斗の拳』の電子書籍版である。全27巻の総合計で最初の1ヵ月間で約1万のダウンロードがあり、その後、半年間で10万冊に達した。電子書籍としては破格の売れ行きである。

一方、大変興味深い動きが、これと逆のネット発コンテンツのマンガ化である。ネット掲示板の書籍化という出版業界の新しいビジネスモデルに火をつけたのが『電車男』（145ページ参照）だ。これがマンガに飛び火し、複数のマンガ雑誌で競作されて話題となっている。

一番最初にマンガ版電車男の連載を開始したのは、04年末の『ヤングチャンピオン』（秋田書店）である。その後、週刊『ヤングサンデー』（小学館）、月刊『チャンピオンRED』（秋田書店）と続く。さらに少女マンガ誌『デザート』（講談社）も読み切りの掲載を予定している。1つの作品が4誌で同時競作されるのは、かなり異例である。

ベストセラー小説がマンガ化されることはあっても、競作されることはほとんどない。通常、二次的著作権契約を結ぶ際に、1社がマンガ化の排他的独占権を得ている。これによって他社がマンガ化するのを防ぐのだ。おそらく今回は、電車男が掲示板で生まれたという経緯もあって、著作権者側の意向があったのかと思う。

読書専用端末か、液晶デバイスか？

この1年間、電子出版の話題は、リブリエ（ソニー）やΣBook（松下電器）といった読書専用端末を中心にめぐってきた。ただ、読者から見ると読書専用端末の登場が多様な電子出版を限定的にしてしまった気がする。電子書籍を読むために、どれほど専用端末が必要とされているのだろうか。

日本で電子出版が話題になっておよそ20年。この間、数々の電子出版プロジェクトが立ち上がり、文字情報を流通させるビジネスの成立を目指してきた。コンテンツの制作、ダウンロードサイト、ビューワー開発が試みられ、ハードメーカーが専用端末を開発したことで技術的な向上もあった。

しかし、改めて言うまでもなく僕らは膨大な文字量をパソコン、PDA、ケータイのディスプレイで読んでいる。そのディスプレイもCRT、モノクロ液晶に始まり、カラー化、高精細化と進化してきた。ディスプレイが読みやすくなったのはありがたいが、それ以上に必要に駆られてデジタル文字を読んできたのである。

そのうちの何%かは従来なら紙で読んだであろう文字であり、何%かは紙に打ち出して読まれてもいる。ビューワーソフトはディスプレイに表示された文字を読みやすくしてくれた。その功績を忘れるわけにはいかない。

ボイジャーの試み

文字を中心とした電子書籍のビューワーといえば、Ｔ－Ｔｉｍｅがある。開発元である（株）ボイジャー（萩野正昭社長）の歴史は、日本における「本とコンピュータの出会い」を提供してきた歴史でもある。米国ボイジャー社がＭａｃのハイパーカードをベースに「エキスパンド・ブック」を開発し、それに魅了された萩野氏が日本でボイジャーを立ち上げたのが１９９２年である。

当時、萩野氏は「エキスパンド・ブック」のインターフェースを「ユーザー・ドリブン」と表現していた。著者や出版社が決めた読み方ではなく、読者が思い通りのレイアウトに変更して読める、といった意味である。

この思想は98年にリリース発表したＴ－Ｔｉｍｅに引き継がれた。アンチエイリアスのかかったフォント表示が可能で、ルビや画像、背景などを設定して読みやすい表示を行うビューワーである。電子書籍販売サイトなどでドットブック形式のファイルを購入するだけでなく、テキストファイルやウェブページの文章も縦書き、横書きの切り替え、フォント変更、行数文字数、段組など自分流のレイアウトで読むことができる。

エキスパンド・ブック……電子書籍作成ソフトおよびフォーマット。ボイジャー社が開発。紙の本のように1ページずつめくって読め、検索、マーキング、注釈機能がある。

アンチエイリアス……コンピュータ上で文字や線をあらわす際に、ギザギザを目立たなくさせる処理。マス目状の画素の周辺に背景と画像色の中間色を配置する。

T-Time5・5の新しい読書体験

そのT-Timeの最新版（5・5）に身近な液晶ディスプレイを使って、いつでも読書が可能になる機能が追加された。携帯電話やPSP、iPod photo、デジタルカメラなど、さまざまな液晶デバイスに対応したものである。これで入手した電子書籍を身近なデバイスに書き出し、好みの行数、文字数、解像度で楽しめるようになった。

確かにボイジャーが言うように「ディスプレイがあるデバイスならなんでも読書端末になる可能性」がある。そこで読書装置とするには最低限必要なインターフェースとして、ページの送り戻しや栞とかがあればよい。

携帯電話など多くの液晶デバイスにはデジカメ撮影した画像のビューワー機能が共通してある。この画像ページの送り戻しができる機能を利用して、書き出すデバイスの画像に合わせてページごとに連番のJPEGファイルを作成する。このファイルを順番に表示させて閲覧するのである。

なお、今のところ電子書籍販売サイトのコンテンツの多くは、複製防止のため、この機能に対応していない。

PSP……プレイステーション・ポータブル。ソニー・コンピュータエンタテインメントが04年12月に発売した携帯ゲーム機。ゲームのほか音楽・動画の再生、インターネットへの接続ができる。

ＥＰＩＣ２０１４が予測する未来社会とメディア

マスメディア関係者の間で、「ＥＰＩＣ２０１４」が話題になっている。「最良の、そして最悪の時代」というナレーションで始まるメディアの未来予測フラッシュムービーである。２０１４年になると人々にとって、最良の年となり「前世紀には考えられなかったほどの膨大な情報にアクセスできるようになる。誰もが、何らかの形で貢献をする」。一方、マスコミにとっては「衰退する運命にあり、20世紀的なニュース機関は結果的にはそれほど遠くない過去の残留物となった」最悪の年でもあると刺激的なナレーションが続く。

ブログ「dSb::digi-squad*blog」に日本語訳があるので、フラッシュとともに見ていただくのが一番だが、大変興味深い話なので、概要を取り上げておく。

グーグルゾンの誕生

物語はコンピュータのシステムを支配したマイクロソフトの時代が終わり、人と社会の情報を支配するアマゾン・コムとグーグルの時代として描かれている。

２０１４年に続く道を、１９８９年のティム・バーナーズ・リーによるＷＷＷ（ワールドワイドウェブ）の考案で語り始め、アマゾン・コム、グーグルの登場を取り上げて現在につなぐ。その後、グーグルはあらゆる種類のメディアを保存・共有するための万能プラットフォームと最高の検索技術を提供し、アマゾンはリコメンデー

フラッシュ……アドビシステムズ社が開発。動画やゲームなどを扱うための規格およびそれを制作する同社のソフトウェア群。

ティム・バーナーズ・リー（１９５５年〜）……イギリスの計算機科学者。ＷＷＷのハイパーテキストシステムを考案・開発し、またＵＲＬ、ＨＴＴＰ、ＨＴＭＬの最初の設計も行った。

ションシステム（顧客の嗜好に合わせた選別型情報提供システム）と巨大な商業インフラを提供する。

２００８年にはマイクロソフトに対抗してグーグルとアマゾンが合併しグーグルゾンが誕生。あらゆる情報ソースをもとに各人に向けて自動的に記事を配信するサービスが始まる。

「２０１０年のニュース戦争は、実際のニュース機関が参加しなかった」とした上で、グーグルゾンのコンピュータは、あらゆる情報ソースをもとに自動的に新しい記事を作り出すことが可能となる。

２０１４年、グーグルゾンは進化型パーソナライズ情報構築網（ＥＰＩＣ）を公開。コンテンツは１人１人の消費行動や趣味、人間関係をもとにカスタマイズ化されるようになる。誰でも自分のメディアを持ち、「新世代のフリーランス編集者」として対価が得られる時代となる。

ＥＰＩＣの支配に対する抵抗として『ニューヨークタイムズ』はオフラインとなり、エリートと高齢者向けに紙メディアを提供するようになる。「しかし、ほかにも進むべき道は、おそらくあっただろう」として物語は結ばれる。

未来を予測する最良の方法

このメディアの未来を予測した物語が、多くのメディア関係者を刺激した。しかし、作者は本当にメディアの終焉を描いたのだろうか。

個人的には、予測が当たるかどうかに興味はない。そもそもこの物語は、技術的根拠に基づいたように見えるがＳＦ物語にすぎない。未来の予測は未来そのものではない。では何かと言うと「現在」なのである。歴史観が常に時代の都合で修正されるように、未来の予測も現在の反映にすぎないのである。
1970年に開催された大阪万博のテーマは「人類の進歩と調和」だった。当時は科学技術の発展が人類に平和をもたらすという幸福な予想の中にあった。それが35年後の今、開催されている愛知万博のテーマは「自然の叡智」である。環境問題の解決策を「自然」に学ぶというこのテーマは、まさに現在の私たちがおかれた状況と言えないだろうか。
さらに付け加えれば、未来のネットワーク社会がユートピアかディストピア（ユートピアの反意語。極端な管理社会）か。それは予測するものではない。そのことについては、アラン・ケイの有名な言葉を引用しておきたい。

The best way to predict the future is to invent it!
（未来を予測する最良の方法は、未来を創りだすことだ！）

EPIC2014の余波と情報社会の光と影

メディアの未来予測フラッシュムービー「EPIC2014」について、ネット文化の申し子とも言えるブログでは、好意的なフォロー発言が続いていた。賛同的な発言が多いこと自体が既存メディアへの批判にもなっている。

アラン・ケイ（1940年〜）……米国の計算機科学者。「パーソナルコンピュータ」の概念を提唱した。主にオブジェクト指向プログラミングとユーザーインタフェース設計に功績がある。

21世紀のユートピアか？

では、本当に「ＥＰＩＣ２０１４」というストーリーで作者が言いたかったことは、ペーパーメディアの終焉なのだろうか。

言うまでもなく新聞を配達するのも書店で本を販売するのも人である。一方、アマゾン・コムのリコメンデーションシステムにしても、グーグルの検索エンジンにしてもコンピュータの処理にすぎない。両者の合併によるグーグルゾンが提供するＥＰＩＣは、コンピュータそのものによる巨大サービスだ。人々の消費行動や趣味は管理され、発言は中央集権的サービスによってコントロールされている。

物語は情報メディアの主役交代を描いたのではない。むしろデジタル技術信仰や妄信的なネットワーク主義に対する警告ととらえるべきである。

コンピュータが支配する未来社会を描いたＳＦには、『２００１年宇宙の旅』をはじめ数多くの名作がある。当時のコンピュータはメインフレームと呼ばれたように、１台のコンピュータですべてを処理する中央処理システムである。そのシステムが中央集権による支配的印象を連想させ、作家たちにコンピュータのディストピア作品を書かせたのかもしれない。

一方、ネットワーク社会は分散処理システムであり、民主主義的な印象がある。インターネットの登場した90年代では、ネット社会がユートピアのように語られもした。では21世紀になってネット社会の理想は実現したのだろうか。

リコメンデーション……電子商店などで、ユーザの好みを分析し、各ユーザごとに興味のありそうな情報を選択して表示するサービス。

ネットワーク社会の光と影

マスメディアは権力の監視機関と言われているが、そのマスメディア自身も「第4の権力」と呼ばれている。そこでブログに「第4の権力」に対する監視するジャーナリズム機能が期待されている。しかし、ネットワーク社会は草の根民主主義的社会システムを必ずしも実現するのではなく、プライバシーを脅かすシステムであることを忘れてはいけない。

2014年という数字は、明らかにジョージ・オーウェル最晩年の代表作『1984年』(1949年刊行)を意識している。この20世紀ディストピア小説は、実際の1984年にオーウェルブームを引き起こし、管理社会への警告として再読された。おわかりのように巨大情報処理システムであるEPICは、「ビッグブラザー」なのである。

そう言えば著しいプライバシー侵害を行った組織を表彰する不名誉賞に「ビッグブラザー賞」がある。毎年恒例の同賞は、オーウェルの母国イギリスの監視団体プライバシー・インターナショナルが発表している。

05年の有力候補にグーグルの無料電子メールサービス「Gメール」がノミネートされていた。ターゲット広告を提供するためにユーザーの個人的なメッセージの内容を調べているとされ、プライバシー侵害行為として強い批判を浴びたのである。

さらにグーグルの書籍本文検索サービス「グーグルプリント」にも批判が寄せら

ビッグブラザー……英語では「独裁者」を表す。『1984年』では厳しい統制が敷かれる大国の指導者として描かれている。

Gメール……グーグル社が04年4月から始めたフリーメールサービス。インターネット接続サービスに加入しなくとも電子メールアカウントが取得できる。

れている。05年5月には米国大学出版部協会から、公開質問状の形をとって著作権に対する危惧が表明された。

書籍本文検索サービスとしてはアマゾンが先行していた。グーグルはさらに大学図書館所蔵の本を検索できるように開発したのである。知識の生産、流通、蓄積は多くの人々の手によって営まれている。それをアマゾンとグーグルは一元的に管理しつつある。

iPodがもたらす新たな課題　著作権と学習

ハードディスクや半導体メモリーによるデジタル携帯音楽プレーヤーが急速に普及している。03年の国内販売台数は60万台で、携帯型MDプレーヤーの5分の1程度にとどまっていた。ところが05年の国内販売台数は約190万台と予測され、来年にはMDを抜く見込みという（読売新聞05年7月4日付）。

iPod課金とは

急速なデジタル携帯音楽プレーヤーの普及は、著作権法の改正審議でも中心的な話題を提供している。私的録音録画補償金の改正をめぐる、いわゆる「iPod課金」である。同制度はMDやCD-Rなどのメディアと、その利用機器の販売価格

グーグルプリント……ポータルサイト内の全書籍の一部または全文（著作権切れ作品）が無料で検索、閲覧できる。現在の「グーグルブック検索」の前身プロジェクト。

に補償金を前もって上乗せしておき、著作権者に分配する制度である。

これらのメディアはレコード会社などによって正規に販売された音楽CDをデジタル録音することができる。これによる損失があることを認め、その分を補償するという考え方である。権利者団体を通じて各権利者へ分配されるなどしている。録音補償金は93年から徴収が始まっているのだが、iPodなどデジタル携帯音楽プレーヤーは含まれていない。

しかし、iPodなどをデジタル携帯音楽プレーヤーと呼んではいるが、パソコンにつなげればリムーバブルディスクとして認識される。実態としては外付けHDD（ハードディスクドライブ）やUSBメモリーと何ら変わらない汎用ストレージメディアなのである。

文化庁著作権委員会著作権分科会法制問題小委員会でも、05年7月の委員会で中間報告を作成する予定だったが、賛否が分かれたため中間報告の作成を断念している。

iPodで勉強

さて、音楽ばかりではなくiPodの語学学習への利用が注目されている。04年と05年、大阪女学院大学と同短大では新入生全員にiPodを配布し話題となった。あらかじめ授業で使う全リスニング教材がインストールされており、学生はいつでもどこでも教材を聴くことができる。従来は、大学の教員により制作されたカセットテープ教材を配布していたのだが、これをiPodに切り替えたものである。

メディアが変わったことの目新しさはあるものの、それ以上の学習効果はあるのだろうか。これについては05年6月にCEIC（コンピュータ利用教育協議会）の例会で大阪女学院大学の加藤映子教授が教育実践方向を行っていたので拝聴させていただいた。学生のモチベーションは確かに上がっているのだが、それは「電車の中で使うと注目されてうれしい」といったメディアの新奇性が大きな理由となっていた。

もちろんMDにはなくｉＰｏｄならではの利用方法がある。英文をディスプレイに表示する際、ＨＴＭＬテキストにしておけばリンクを張ることができ、テキスト間のジャンプが設定できる。この機能を利用した市販教材もすでにある。ソースネクストが、パソコンだけではなくテキストと音声をｉＰｏｄにコピーし、外出先でも利用できる英会話教材「ＭＰ3英会話」を発売している。また東京リーガルマインドも、ｉＰｏｄを利用した資格試験の対策講座「ｉＰｏｄクラス」を始めている。

さらに05年には、名古屋商科大学でも約１０００人の新入生全員にｉＰｏｄ Ｓｈｕｆｆｌｅが配布された。大阪女学院大学同様、教師自らが制作した２００タイトル以上の語学教材をダウンロードできるという。

音楽を持ち歩いてヘッドホンで聴くスタイルは、79年にウォークマンによりもたらされ、すでに四半世紀を超えている。そしてｉＰｏｄによりすべての音楽コレクションを持ち歩くことが、新たな音楽スタイルとなった。さらに普及したハードの上で、語学学習が提供され始めたのである。

歩きながら音楽を聴き、学習する。それはいつでもどこでも、といわれるユビキタス時代にふさわしいメディアスタイルである。

グーグル検索サービスで「巨人の肩の上に立つ」

グーグルの検索サービスが広がる中で、プライバシーや著作権侵害に対する懸念が相次いでいる。サービスの1つである「グーグルマップ」の衛星写真に対しては、政府関連施設や軍事施設が写っており、テロリストに悪用される恐れがあるとして、インド、韓国、タイの政府が懸念を表明した。

ただし、この衛星写真はすでに公開されていた情報だ。誰でも容易に検索できるようになったことで注目されたケースである。

グーグルへの提訴

さらにグーグルと当事者間で交渉が決裂し提訴に至るケースもある。05年10月に米国出版者協会は、グーグルプリントの図書館プロジェクトが著作権侵害に当たるとして提訴した。

グーグルプリントは04年10月にサービスが開始されたが、書名や著者名だけでなく、本文を検索対象にしようというアイディアは、すでにアマゾン・コムによって実現されている。加えてグーグルは出版社が提供した書籍だけでなく、図書館の蔵書をスキャニングして、公開しようとしたのである。

この図書館プロジェクトは、ハーバード大学、スタンフォード大学、ミシガン大学、オックスフォード大学などの大学図書館とニューヨーク市立図書館の蔵書をス

グーグルマップ……グーグル社が提供している地域検索サービス。地図、航空写真、地形の3つの方式で、全世界の地図が確認できる。

キャニングし、ウェブで検索できるようにするプロジェクトだ。

グーグルの見解によれば、図書館の蔵書のスキャニングは米国著作権法に認められるフェアユース（公正利用）であり、著作権法上問題がないという。この考え方が出版業界のさらなる反発を引き起こした。アマゾンとは異なり、グーグル自らが購入した書籍でもないのに、キーワード連動広告によって収入を得る手段となっている点も問題視されている。

すでに米国作家組合も集団提訴している。それ以前にも学術出版業界の収入を阻害するとして、米国大学出版部協会が公開書簡を送っているし、学会や学術出版社が参加する国際的出版団体ALPSPも抗議文を発表している。

変わったところでは、米国の大型図書館が対象だったことから、検索結果が英語圏の情報に偏り、非英語文化が直面する問題に懸念を抱いた中国やフランスからの反発もある。

グーグルは抗議を受けて、スキャンの一時中断を発表した。ただし、インターネットユーザーの間では、グーグルが著作権を侵害しているという主張は受け入れられていないようである。また、図書館関係者もプロジェクトに対して好意的に受け止めている。

グーグルスカラー

一方、同じ検索システムを利用しながら、ユーザーから歓迎されたプロジェクトもある。「グーグルスカラー」である。これは論文、書籍、ピア・レビュー、プレプリント、抄録、技術レポートなど学術文献の検索サービスである。

首席開発者は、グーグル自身が先人たちの業績や研究資産の上に立って益を受けてきたように、スカラーが多くの研究者の役に立つことを望んでいると書く。そして、ニュートンの「巨人の肩の上に立つ」という有名な言葉を検索ボックスの下に掲げている。

ニュートンは自身の偉業について意見を求められたときに、すぐに先駆者に対する心からの感謝と謙遜の意を込めて答えたという。「もし私が他の人よりも遠くを見ているとしたら、それは巨人の肩の上に立っているからだ」

この言葉は、オープンソースの活動家の間でも好んで使われる。文芸でも学術でもソフトウェア開発でも、先人の成果を利用しない創作物など存在しないのだ。

現行の米国著作権法は、フェアユースによる他人の著作物利用を認めている。その結果でき上がった著作物の収入を社会還元することなく独り占めしてよいのか。グーグルスカラーは、すべての知財ビジネスに問いかけている。

Webの進化とケータイ小説

2006年1月～2007年12月

本のデジタルばら売り　アマゾン「なか見！　検索」

アマゾンジャパンが書籍全文検索サービス「なか見！　検索」を開始した。03年秋に米国で始めた「サーチ・インサイド・ザ・ブック」の日本版で、和洋書13万冊でスタートした。日本語の文字認識は技術的に困難だと思うが、同年8月のドイツに続きよく実現したと思う。

米国でサービスを開始した直後から、本文検索対象の本は確実に売上が伸び、それが消極的だった出版社の参加を決断させた。

全文検索サービスの成功は、さらに新しいサービスを生み出そうとしている。1冊の本の中で必要なページだけをばら売りし、オンライン購入できる「アマゾンページズ」である。

本のばら売りは成立するか？

実は、日本では一般的でこそないが本のばら売りは実現している。必要なところを必要な部数だけ印刷するオンデマンド出版だ。

全米の大学教科書ではオンデマンド出版が成功を収めている。またオンライン販売についても、米国プロクエスト社により専門書を中心に行われている。

このため米国ではネットによる著作権処理も可能で、著作権者にとってもばら売りによる印税収入は大きなものとなっている。もちろんページ単位での購入は数百円になるものもあり、かなり割高となっている。

一部の愛書家が総革製の本を好むことを除けば、米国人の書籍に対する好みは一般に実利的である。個人が購入するのはペーパーバック（ソフトカバー）が主流であり、ハードカバーは図書館で利用されている。便利だと思えば針金綴じのオンデマンド出版物も積極的に利用するし、情報価値があれば多少高くてもページ単位の記事を購入する。本のカバージャケットは、あくまで流通上の汚れ防止であり、帯まで大事にする日本人のセンスは理解されない。アマゾンページズは、この米国の出版事情と読書文化を背景に提案されているのである。

一般雑誌は幕の内弁当の味

書籍は本質的に1つのコンテンツだが、雑誌は記事の集合体である。書籍よりもばら売りに向いていそうだ。事実、学術雑誌では論文単位のオンライン販売が、かなり進んでいる。重要な論文はオンラインで先に入手できることから印刷物より高価でも売れていく。

一方、商業雑誌については日本でも90年代後半から試みられてきた。専門技術雑誌やビジネス誌などは、特集によって売上が左右されている。そのため特集記事のばら売りが期待されてきた。05年には週刊誌記事の販売も始まったが、いずれもニッチ市場すら成立していない。

以前、「総合週刊誌カツ弁説」を唱えたことがある。学術雑誌の論文は、中華料理の点心のようにそれぞれ独立した存在だが、週刊誌の特集記事はカツ肉のような物で、いくら好きでもごはんと一緒に食べるものだ。あるいは幕の内弁当だ。多少、嫌いな物があってもバラエティーに富んだ味が楽しめる。いろいろあって満足するのが旬の雑誌である。

デジタル積ん読のコレクション

ばら売りといえば、今や音楽である。アップル社のｉＴｕｎｅｓの成功により、リスナーはアルバムCD1枚を買わなくても欲しい曲の購入が可能となった。しかし、1日が24時間である以上、情報接触には限りがある。それでもユーザーが消費可能な情報量を超えて購入するのはコレクションするからだ。デジタル技術が数百曲もの音楽を持ち歩くスタイルを実現したことで、音楽のばら売りビジネスは成功した。

アマゾンページズはiTunes書籍版だ。日本でマス市場が成立するには、本のデジタル積ん読が求められる。しかし、読むためにダウンロードされているうちは、オンデマンド出版のようにニッチか学術雑誌のような高価格での市場しか成立しないだろう。

ケータイ読書のスタイルと読書専用端末の限界

インターネット配信の電子書籍はケータイ読書が急成長し、パソコン向けダウンロードサービスを追い抜く勢いである。その陰で専用端末機によるビジネスが行き詰まった。

ソニーのリブリエ、松下電器のΣBookなどの専用機は04年に華々しく登場したが、新たなメディアを作り出すこともニッチ市場を形成することもなく、ひっそりと表舞台から消えていった。

専用機は本をまねて2画面にしたり、紙の本をそのまま読めるように新書サイズの高精細画面を採用している。本のメタファーにこだわったと言えば聞こえはよいが、結局、本に似て非なるメディアを作ったにすぎない。専用機を作った人たちは紙の本が大好きなのだ。そこには新たなメディアのための表現や工夫は乏しかった。

もちろん新しいメディアは古いメディアの模倣から始まっている。そこから既存メディアにできないことを付加してきたことにメディアの進化がある。

読書専用端末の可能性

現在流通している専用機用のコンテンツは、ほとんどが文芸書とマンガである。そこで電子書籍の可能性を探るために大学教科書やレジュメをリブリエに入れてゼミ授業に使ってみた。案の定、本の呪縛の中で設計されていてユーザーの工夫する余地が少ない。汎用機であるパソコンとワープロ専用機の違いと似ている。

リブリエのような専用機は、多様な本の利用を想定したものではなく、文芸書の読書にしか向いていないのだ。文芸書は原則的に最初から終わりに向かって一方向にしか読まない。教科書や実務書のようにページをめくったり、調べたり探すのに不向きであった。むしろコンピュータ画面のスクロールのほうが検索は容易である。

また、何十冊もの本が保存できると言っても、専用機は複数の本を同時に表示することはない。文芸書なら一度に一冊しか読まないが、勉強では同時に何冊かの本を利用する。どうやら本の多様性をそぎ落とした小説専用読書機だったのだ。

ケータイ読書の市場

専用機ビジネスが困難だったもう1つの理由としては、装置も配信方法も課金もゼロから環境を作らなければいけなかったことだ。

これに対しケータイ書籍は、ケータイユーザーに向けてコンテンツを配信すればよかった。第3世代携帯電話の普及と定額課金制の導入により、モバイルコンテンツ市場は短期間に成熟した。8000万人近いユーザーが音楽、ゲームに始まり静止画から動画配信までを楽しんでいる。

ケータイ書籍の作品数は、販売サイトの最大手「パピレスDX」に3500点のタイトルが並んでおり、市場全体では5000点に達している。ケータイ書籍の配信会社は必ずしも出版社だけではなく、全体では100社を超えると言われている。

読者層はケータイのヘビーユーザーと重なり女性と若者である。これらは従来、文芸書出版社が取り込めなかった層であり、ケータイ書籍の特徴とも言える。

またケータイ画面は一度に表示できる情報量に限りがあり、読み返すことが困難である。このため複雑な文章表現を避け、漢字の使用を制限したり、繰り返しを多用するなど表現の工夫がある。オリジナル作品では、さらに会話を多くし登場人物を減らすなど創作上の工夫もある。必然的にライトノベルと呼ばれる軽い読み物が好まれる。

ケータイメールの簡潔さには、送り手と受け手のバックグラウンド情報が共有されていることがある。文学の流行も社会情勢と密接な関係があり、作家と読者が共感し合うことにある。とすれば、ケータイというメディアを介したとき、初めて共感できる小説スタイルもあるだろう。

電子書籍市場で起こっている変化は、必然的なのである。

信頼性への期待　Web2・0と印刷メディア

メディア関連の業界で講演をするとき、次のように言って笑いをとることがある。「50代のみなさんは今のやり方で大丈夫です。仕事で培ったみなさんのスキルは、定年まで持ちます。20代の人は時代の変化に合わせていってください。大変なのは40歳前後の人です。みなさんのスキルは定年まで持ちません。今のままではアウトです。でも変わることも難しいでしょうね」(爆笑)。

人ごとではない。メディアの変化速度が増す中で、どのように対処していけばよいのだろうか。

物流とデジタル情報流通

人類が進歩の速度を上げたのは、動力を発明した産業革命のときである。それまでは地球の自転と公転が生み出した自然エネルギーにより生活していた。日の出と日没がつくるリズム。雨と太陽の光による食物栽培。移動は歩きか馬であり、物流も川の流れや風力を利用した運搬に限られていた。

このスピードが動力利用により加速する。貿易が始まり物流距離も世界規模に拡大された。大量の食物を短期間で遠くに届けることで人口が偏在化する。

そして電話、ラジオ、テレビなどによって、情報の生成と消費サイクルを早めてきた人類は、インターネットによって本格的な情報流通の時代を迎える。

パソコン、PDA、ケータイなどによって、誰もが同時に多量の情報を生成し、伝搬し、交換し、消費することになった。そのデジタル情報量は人間の消費能力をはるかに超え、体感を超えた情報加速度を味わっている。

印刷の現場では

職人の世界では、一人前となるのに10年かかると、よく言われる。そこで覚えた技術は、かつては生涯生活していくのに困らない宝となっていた。しかしデジタル技術は短期間でアナログの職人を駆逐した。

印刷現場にコンピュータ組版がやってきたとき、活版職人はどこに配置転換されたのだろうか。まだ記憶に新しい出来事である。フィルム製版、カラー印刷。次々とベテランたちの職場を奪っていった。

だが、読者が印刷物を読んでいる間は文字に変化はなかった。製造技術がどれほどデジタル化されようと、スピードが増そうと、印刷物のたたずまいは不変だった。美しい文字、きれいな印刷、読みやすい組版。文字を支える物理的存在は信頼感をかもし出しながら読者の前にあった。

文字メディアの信頼性

ところが活字がネットに流れ出したことで、変化は確実に訪れた。ディスプレイの上で文字は点滅を繰り返している。紙に固定されたことで生み出された信頼感は、ディスプレイ上でどのように保証されるのだろうか。いや、そもそも電源を切れば消えてしまうような文字に、信頼性は期待されているのだろうか。

この答えを出すためにはインターネットで人気のメディアを考えてみるとよい。そこには1つの共通点がある。2ちゃんねる、ケータイ小説、ウィキペディア、ブログ、ソーシャルネットワーク（SNS）。いずれも文字メディアなのだ。

ひと頃、騒がれたマルチメディアの先にやってきたのは文字の時代だったのである。では、その文字文化は、印刷時代と変わらなかったのか。ノーだ。インターネットはギャランティ型ではなく、ベストエフォート型であると言われる。そこで表現されるデジタルメディアも同様なのだ。重要なのはもはや信頼性ではない。インタラクティブであること、品質よりもオンデマンドであること。読者は同時に執筆者であり、参加できるメディアが人気を得ているのだ。話題のWeb2・0が目指しているところでもある。

文字の信頼性を保証するのは紙に残された領域なのだ。ただし、信頼性が一番重要なものではなくなっていく時代がきている。

Web2・0の不思議　バズワードとロングテール

1年ほど前から、ネットで話題になっていたキーワードWeb2・0が06年になって一気に過熱してきた。関連書籍もよく売れているが、なかでも『ウェブ進化論』(ちくま新書、06年)のベストセラーがブームに果たした役割は大きい。

同書はネットの「こちら側」と「あちら側」という説明が巧みだったこともあり、カジュアルなビジネス書として「こちら側」の企業人たちにアピールした。取り上

ギャランティ型とベストエフォート型……通信サービスにおいて前者が通信速度を保証する方式で、後者は保証しない方式を指す。保証しないと回線の混雑具合で速度が変化する。

げた題材には印刷や出版の未来に関わる事柄も多い。ネット販売におけるロングテール現象の重要性、ウィキペディアにみる知の再編などが魅力的に語られている。ただ、「本当の大変化はこれから始まる」という副題が付いているように、正直な話、ある種のアジテーション（煽動）も感じる。そもそもブームにありがちだがＷｅｂ２・０に実態があるわけではない。

Ｗｅｂ２・０はバズワード

Ｗｅｂ２・０の提唱者ティム・オライリーは、Ｗｅｂ２・０を明確に定義したわけではなく、従来のウェブサービス（Ｗｅｂ１・０）との違いを例示で説明しているにすぎない。Ｗｅｂ１・０はウェブ日記やブリタニカオンライン百科のことでＷｅｂ２・０はブログやウィキペディアだという。

では、これも注目の1つであるウィキペディアで、Ｗｅｂ２・０を引いてみよう。「近年流行のバズワードの代表格として広く知られる」とある。明確な説明で思わず笑ってしまった。

バズワードとは、「流行語」の意味だが、「中身のない」といったニュアンスが含まれている。ウィキペディアではもっとはっきりと「一見専門用語のように見えるがそうではない言葉」とあり、念を押すように「他人を煙に巻くための用語だが、使っている本人が煙に巻かれていることに気が付いていないケースもある」とある。笛を吹いている人間が真っ先に踊ってしまった、まさにＷｅｂ２・０の実態を的確に

ウィキペディア……非営利団体ウィキメディア財団が主催する、インターネット上の無料百科事典。執筆や編集は世界中のボランティアが自由に行っている。01年1月に英語で始まり、現在は200言語以上で作成されている。

表現している。Web2・0は、ユビキタスブームにかげりが見えてきたところで飛びついた新語であり、ブームになるべくしてブームになったとも言える。

我々が、どれほどバズワードに踊らされてきたか。その変化を振り返ってみるとよくわかる。電子出版がブームになったのは、80年代半ばのCD-ROM登場による「ニューメディア」ブームの頃である。90年代になって「マルチメディア」ブームに組み込まれて再編され、90年代半ばの「インターネット」ブームが政財界を巻き込んだ「IT」ブームにヒートアップしている。さらにPDAによる「モバイル」ブームが起こり、00年代になってケータイによる「ユビキタス」ブームに置き換わっている。新語はわかりやすいが、言葉とは関係なく社会は常に変化している。

大変化はいつでも起こっている

「本当の大変化はこれから始まる」と言われると、日本沈没でも起こりそうな不安に駆られる。しかし、何も未来の予測などせず、この20年を振り返ってみるとよい。変化は十分、劇的であったと思う。我々は、すでに経験してきたのだ。

インターネットの登場は、確かに社会に大きな変化をもたらした。産業を活性化し、ビジネスが生まれ、新しいメディアを人々が楽しんでいる。でも、何もインターネットやWeb2・0に限った話ではない。同じように電話や放送がどれほど人々の生活に影響を与えてきたか考えるとよい。

オンライン書店とロングテール

そしてWeb2・0とともに注目のマーケティング用語が「ロングテール」現象である。米ワイヤード誌編集長であるクリス・アンダーソンがアマゾン・コムの売上を分析して提唱した概念という。05年になってシンポジウムの基調講演やITセミナーなどに登壇したパネリストの口からもぽつぽつ指摘されるようになった。さらに年の後半になってWeb2・0がキーワードになるとともに、出版界でも急速にクローズアップされてきた。

全米最大のリアル書店バーンズ&ノーブルの総在庫が13万点なのに対し、アマゾン・コムは売上の半分を13万点以下の本から売り上げているという。説明が明快な上に例示が本だったことも出版界が注目する理由である。アンダーソンは数字の実証性に対して疑問が寄せられると、「半分」を「3分の1」に訂正した。

最近、日本ではアマゾンの上位3割が売上の7割にとどまっていることが紹介されている。

数字の精度はともかくとして、長い間マーケティングで使われてきたパレートの法則に対するアンチテーゼとなった。パレートの法則は「8対2の法則」としてよく知られるように、上位20%が全体の80%を占めるという経験則である。様々なバリエーションを持って人口に膾炙《かいしゃ》している。

書籍出版社は上位の売れ筋が、下位の売れ行き不振書籍の赤字を補填して収益を出す構造となっている。文庫や新書のシリーズの中でも、それぞれ売れ筋の一部が売上の多くを占めているだろう。

もちろん、80%の本が無駄であるとか不良在庫であることを意味しているわけではない。誰でもが知っているように、必ずしも売れる本だけに価値があるわけではない。ただ出版界の収益構造が売れる本に依存していることは事実である。

ロングセラーや売れ筋の本、さらにはときどき出るベストセラーがあることで、出版社は多様な本作りを行うことができる。また書店店頭ではごく一部のベストセラーがあることで、少部数の専門書も扱えるのであり、大量発行の雑誌流通が多品種少量生産の書籍流通を可能にしている。

ロングテールに向く商品とは

90年代半ばにワントゥワンマーケティングが喧伝されることでパレートの法則が知られ、さらに00年代になって顧客識別マーケティング（CSM）の登場によって強化された。最上位（ロイヤル）の顧客に特典をつけるビジネスは、デパートの外商が開催する上顧客向けの内覧会や「一見さんお断り」「上得意様優遇」の商慣習でもある。

それがネットビジネスになると売上の下位を大事にしろというのだ。ネットで少部数の専門書が売りやすくなることは感覚的にもわかる。ただロングテールはネットビジネスの運営者のモデルであって、出版社が年に1冊しか売れない本を在庫として抱えることは非現実的である。

そこで電子書籍である。電子書籍は在庫を持つ必要がなく、印刷するより販売最低部数は少なくて済む。つまりロングテールのもっとも先に位置するネット商品である。電子書籍がネット販売だけで行われる以上、在庫経費はほぼ0円なので年間1冊でも売れてくれればよいことになる。ただ、売上を確保するにはかなりの点数を品揃えしておく必要がある。電子書籍が書籍を印刷する副産物として自動的に生産されない限り、在庫アイテム数の急増は困難である。

このブレークスルーになりそうなのが、膨大な資金を利用してアマゾン・ジャパンが日本でも始めた「なか見！　検索」サービスであり、グーグルが書籍をスキャニングして電子書籍化する「グーグルブック検索」日本版かもしれない。つまり、またしてもアマゾンとグーグルである。

Web2・0時代の「信頼性」厳しくなった読者の目

「インターネットは、本、新聞、テレビなどの既存メディアを凌駕したが、唯一負けているのが〝信頼性〟である。これからはネットの信頼性を高めていく必要がある」。ひと頃、耳にしたネット関係者の発言である。その後、Web2・0ブームがやってきた。

Web2・0が形成する信頼性については、ウィキペディアに代表される「群衆の叡智」が指摘されている。「みんなの意見は案外正しい」のだ。いやウィキペディアは間違いが多く信頼できない。いやいや、それを言ったら伝統的百科事典だって間違いがあるじゃないか、とかなりヒートアップした議論が交わされている。

しかし、である。そもそも信頼性を論じることは、正しいか間違っているかを論じることなのだろうか。さらに言えば、紙をライバル視して、インターネットの信頼性を問うことには、個人的にかなり疑問を持っている。

そこでネットの信頼性とは何かを考えてみたいと思う。

「信頼性」の変容

相次いで、というか、相変わらず、というか、欠陥製品による事故が続いている。最近でもガスストーブや瞬間湯沸かし器による死亡事故、パソコンバッテリーの発火など、いずれも業界トップ企業の製品によって引き起こされた事故である。製品回収などのお詫び広告は社会面下段に優先的に掲載されるのだが、希望点数が多い日など他面に回るほどである。

欠陥に加え、隠蔽工作が発覚すれば、伝統ある大手企業でも存続が危うくなる。ベテラン社員たちは昔に比べユーザーの目が厳しいことを肌身で感じているはずだ。

このような事件のたびに「企業の信頼が損なわれた」と指摘される。その「信頼」とはなんだろうか。品質管理や、それを理論化した信頼性工学は日本のお家芸だった。製品が「故障しない」ことや「精度が高い」ことが高い信頼性を得ると信じられてきた。

一般の消費者向け製品でも高い精度が要求される時代である。品質を追い求めても限界がある。機械である以上、故障もするだろう。だから故障が起きたときは安全に停止する設計を施すことになる。あるいはエレベータのように故障を未然に防ぐメンテナンスが欠かせないことになる。

ひとたび欠陥品が世に出たときは、直ちに公表して回収しなければいけない。つまり信頼性とは、間違いない製品だけを世に送り出すことではなく、間違った場合の対応が問われているのだ。

学術研究分野で信頼性を得るためには、さらに検証性が要求される。実験はすべてのデータを保存し、再現される必要がある。論文の正しさは、他の人によって検証できなければならない。

本の信頼性

最近、書籍編集者として読者のクレームが増えたと感じている。確かに校正界の長老たちにしかられるような誤植満載の本も多い。

ここで指摘したいのは、誤植が増えたのではなく、本に対する読者の目が厳しくなったことである。受験参考書の誤植に対して「試験に落ちたのはこの本のせいだ」というクレームがある。どんな単純な誤植でも返金の要求がある。きついクレームほどメールでくる。

ここだけの話、「本には誤植がつきもの」である。ベテラン校正者の手による辞書や、ロングセラーにも間違いが見つかることがある。「辞典の初版は買うな」という言葉は「新車は買うな」と同じくらいに交わされている。

とは言え、編集者の開き直り的な発言は許されないのである。ときには間違いもある原稿に手をかけて編集し、信頼性を高める作業は、今後とも変わらず続いていく。インターネット時代となっても、本に対する信頼感は（揺らいでいるかもしれないが）、いまだ高いものがある。読者のＤＮＡに組み込まれた、紙に対する信頼性と言い換えてもよい。

電子出版の標準化にベルリンで手応え

ドイツの首都ベルリンでは06年、世界中から１０００人を超える参加者が集まってＩＥＣ（国際電気標準会議）総会が開催された。

そこで数多く開かれている会議の１つとして、マルチメディア電子出版に関する標準化分野（ＴＣ１００ＴＡ１０）が新設された。その会議を司会進行して、何とか終えたのである。

国際標準化機関としてはＩＥＣ以外に非電気分野のＩＳＯと通信分野のＩＴＵがある。その中でもＩＥＣは一番古く、同年、創立１００年を迎えた。これを記念して日本でも経済産業省が標準化１００年のキャンペーンを展開している。

2つの標準化

標準化については、デファクト・スタンダード（事実上の標準）がことさら喧伝された時期がある。標準化機関の承認の有無にかかわらず、市場競争の結果、事実上市場の大勢を占めるようになった規格のことである。

一方、デジュリ・スタンダードとは「公的な標準」のことで、日本ではＪＩＳであり、国際的にはＩＳＯやＩＥＣなど公的標準化機関により制定された規格である。デジュリは標準化プロセスが明確で、しかもオープンである。また、標準化メンバーシップも比較的オープンに参加できる。ただ、手続きがしっかり決まっているために、標準開発の速度が遅く多様なニーズに応えられないことがある。

これに対してデファクト・スタンダードは、作業プロセスは迅速であるが作業管理はない。また、標準の一本化は市場での競争に委ねられており、結果として標準化のイニシアティブを握ったものが市場を支配できる。問題点は情報公開が不完全で公開の保証もなく、メンバーシップも閉鎖的だ。ただ、よく誤解されるのだが、両者は対峙する概念ではない。例えば、ビデオのＶＨＳはベータマックスとの激しい市場競争の結果デファクトの地位を獲得した。その後、ＩＥＣによって承認されデジュリにもなったがデファクトのままでもある。

デジュリによる電子出版標準化

デファクトを目指してメーカーが開発競争を繰り広げることで、低価格で高品質の商品が生まれるとよく言われる。ただし、これは大量生産の情報家電に当てはまる図式である。電子書籍は多品種少量生産の少額商品であり、経営体力の小さいメーカー（この場合は出版社）の集まる電子出版市場では成立しないだろう。

書籍の多くは数千部の印刷部数であり、それを１０００円台の値段で全国に流通させている。これを実現するには制作コストを少なくし、制作から流通、販売まで共通インフラとする必要がある。印刷本はそれを成し遂げているからこそ、多品種少量生産が可能であり、多様な文化を担ってきたことは以前にも触れた。

電子出版が「出版」と称するのであれば、そこに出版文化の継承が求められる。ゲームソフトのように巨額の開発費がかけられるわけではない。絶版本の電子書籍化といった発想からわかるように電子書籍1点当たりにかけられる開発費は極めて少額なのだ。

多様なファイル形式の存在を認めたままでは、電子書籍の安定的な流通を担保することができず、また電子書籍を未来にわたる共通財産とすることが困難である。どの出版社が作った本であれ、電子書籍を本や雑誌並みに普及しようとすれば、標準化は重要な課題である。

なかでもファイル形式の標準化は一番重要であり、標準化されたときの市場への効果も高いものが期待される。会議では欧米から新たな提案もあり、参加者も増えて標準化に対して注目が集まってきている。

折しも、松下電器に続き、米国ソニーが電子書籍専用端末の次世代版を発売する

ベータマックス……ソニーが販売していた家庭向けビデオテープレコーダおよびその規格。ＶＨＳは日本ビクターが１９７６年に開発した家庭用ビデオの規格。

ソニーの次世代電子書籍用端末……商品名は「ソニーリーダー」（左写真）。リブリエの後継機として発売された。

というニュースが届いた。滞在中にベルリンの新名所、ソニーセンターで実機を見ることができるだろうか。

電子出版のコンセプトモデル規格が成立

前項で電子出版標準化の必要性について書いた。そこでＩＥＣ（国際電気標準会議）総会での電子出版分野（ＴＣ１００ＴＡ１０）第1回会議について報告しておく。

まず、市場の活性化のためには標準化が不可欠とした上で、作業にあたっては電子出版の市場モデルを描くことから始めた。最初にマルチメディア電子出版の全体像を決める標準化のコンセプトモデルを提案した。

電子出版のコンセプトモデル

出版市場において何かしらの著作物（コンテンツ）を提供するのは著者であり、購入するのは読者である。オリジナルの著作物を商品の形に加工するのが出版社であり、流通させているのが取次と書店になる。一方、電子出版市場では出版社は編集作業という、いわばデータ加工が主となり、流通はプロバイダに集約される。ＩＳＯやＩＥＣでは、このプロバイダを「パブリッシャー」と呼んでいる。

電子書籍市場で取引されているのは物理的存在のないデジタル著作物であり、形式的にはデジタルファイルである。つまりデジタルファイルの流通から市場モデルを描くことができる。音楽用CDやMDは規格に準拠した装置であれば常に再生することができる。電子書籍はデジタルデータだけであるから、CDやMDのようなパッケージの物理的な形状を統一する必要がない。

3つのファイル形式

製作過程では、著者、出版社、製作会社（印刷会社）との相互の間で電子書籍情報の交換を保証する必要がある。そこでは本文の文字情報などに加え、ルビや段組、脚注といったページ組版情報や画像や音声といったデジタルならではの表現形式の取り扱いを規定していく必要がある。さらに数式や化学式なども含め、多くの定義が含まれることになる。これらの条件に応えるのは、XMLのような構造化文書となる。

この制作過程における中間フォーマットを「ジェネリックフォーマット」と名付け、XMLにより標準化する。

一方、電子書籍の読書にはケータイからパソコンまで多様な読書端末装置が使われており、インターネットで配信すれば誰でも入手可能な状態となる。このため電子書籍はコンテンツの管理や著作権管理が必要不可欠である。暗号化やDRM（デジタル著作権管理技術）を含むには、ファイルはバイナリーデータ形式となる。これは制作過程でのファイル形式と、本質的に異なっている。このような読者へ配信して表示するファイル形式を「リーダーズフォーマット」と名付ける。現在、一般的なリーダーズフォーマットとしてPDFなどがあり、これらを参考にして標準仕様を策定した。

さらに執筆者が提供するドキュメントファイルを標準化することで、ユーザー間での文書の共有ができる。オフィスや家庭でのドキュメントファイルは、「マイクロソフトオフィス」がほぼ独占している。しかし、民間企業が開発したアプリケーションソフトであり、技術的に不透明で将来にわたる互換性や継承・保存性が保証されていない。そこで、執筆や投稿のためのサブミッションフォーマットを標準化して公開することで、互換性などを確保することとした。

国際標準化の状況

先のTC100 TA10で電子出版のコンセプトモデルが国際標準（IEC 62229：2006）として発行されたことが報告された。今後3つのファイル形式や、電子辞書の標準化に取り組むことが明記された。

さらに、ジェネリックフォーマットの具体的な仕様について、5月に投票用ドラフト（草案）が提出されていて、会議最終日に可決された。現在、国際標準規格の発行手続きに入っている。引き続きリーダーズフォーマットやデジタル校正の標準化作業が承認され、さらにオーディオブック（音読する電子書籍）の標準化が望まれた。

携帯電話とケータイ小説の関係と作法

05年後半からケータイ小説の書籍化が目立って増えている。ケータイサービスの「魔法のiらんど」に掲載された作品だけでも、この1年間で10点を超えた。今年になって『ケータイ小説家になる魔法の方法』という本まで出版されているほどである。

『Ｄｅｅｐ Ｌｏｖｅ』の成功以来、スターツ出版がケータイ小説の刊行に熱心である。ただし『Ｄｅｅｐ Ｌｏｖｅ』の作者Ｙｏｓｈｉにしろ、その後の作品が売れているわけではない。そもそもケータイ小説のすべてを小説と呼ぶにはかなり抵抗があるところである。

「魔法のｉランド」とはケータイサイトの無料作成サービスを行っているコミュニティサイトである。このサイトにある小説執筆・公開機能を用いたケータイ小説が急増したことを受けて、06年3月にケータイ小説サイト「魔法の図書館」のサービスを開始した。現在までに70万タイトル（！）が公開されたという。

ケータイ小説の新人賞だけでも「ケータイ文学賞」、「日本ケータイ小説大賞」、北海道文教大学の「ケータイ小説コンテスト」など、次々に新設されている。小学館「きらら携帯メール小説大賞」には、2年間で合計1万編を超える作品が寄せられた。応募が多かった理由として、字数が一番少ない（５００〜１０００字）からという。そういえば、若者の間でケータイ小説がブームになる前に、ケータイ短歌ブームもあった。

ケータイ小説の特徴

携帯電話を読書装置とした場合、そこには「読むこと」の明らかな制約がある。特徴としては、画面が小さく、直線的な読みとなる。内容の全体的な把握に弱く、読み返しにも向いていない。読みは常に前に前にと進むことになる。

携帯電話の連載に向く小説は、一般にライトノベルであるといわれる。「魔法の図書館」プロデューサーである伊東おんせんは、ケータイ小説の特徴として、「センテンスが比較的短く、かつリズミカル」「改行、行間の使い方」「会話文に独白があしらわれ、説明的な文章が少ない」「カッコなどの使い方に工夫」の4点をあげている。

「魔法の図書館」が素人の作品掲載を主体としているのに対し、既存の文芸出版社が運営するケータイ小説サイトは、新人を含むプロの作家の作品連載が中心である。前者が素人の書きっぱなしであるのに対し、後者は文芸雑誌同様に担当編集者がいて作家と共同作業を行っている。

ケータイ小説の女王

書き下ろしのケータイ小説で最初に話題になったのが、03年に「新潮ケータイ文庫」に連載した内藤みか『いじわるペニス』である。彼女を「ケータイ小説の女王」と命名したのは、楽天ブックスの安藤哲也店長である。

インプレスの主催する電子書籍セミナーで講演したところ、会場に内藤さんが来ていた。ケータイ小説について聞きたいこともあって、講演会終了後、一緒に飲むことになった。

ケータイ小説の連載1話分は、携帯電話での読みやすさを検討して原稿用紙3枚にした。これはスポーツ新聞の連載小説と同じ長さである。この長さのなかに必ず盛り上がりのある山場を描き、最後の1画面で次回への期待がつながるように執筆する。マンガ編集の世界でいう「山」と「掴み」である。

魔法の図書館……ケータイ小説の閲覧は無料で、ケータイ小説を書いて投稿することもできる。06年に書籍化した『恋空』も同サイトが初出。

楽天ブックス……楽天が運営するインターネット書店。書籍やCD・DVDの販売や予約ができる。

次回への期待を描く方法の1つとして「だって、彼は……。」のように「……。」で終える手法を用いているという。さらに1回の分量が少ないことから、ストーリーの展開を早くし、登場人物を少なくして風景描写なども長々と書き込まないという。また、画面が小さいことから数十字で改行しているという。

赤川次郎だったか「電車のなかで読まれる小説だから、会話を多くしている」という発言を読んだ記憶がある。ケータイ小説はその先を行くのである。

ケータイ小説の読者層は印刷本を読まない読者たち

ケータイ小説がブームとなり、この1ヵ月の間にも何度か全国紙が記事やコラムで、この話題を取り上げてきた。

朝日新聞記事（07年2月10日夕刊）によると、06年度の文芸部門年間ベストセラー10のうち、ケータイ小説からの書籍化が4点（上下巻を含む）ある。プロの作家の作品でも1万部を超えるのが難しいといわれるなかで、素人がケータイで初めて書いた小説がすぐに数十万部売れているのである。

ケータイ小説のベストセラー

美嘉『恋空』は、06年10月に書籍化したばかりなのに124万部（上下巻合計）に達しているという。でも、小説好きの間で、どれほど『恋空』が知られているだろうか。さらにメイ『赤い糸（上下巻)』100万部とか、06年12月発売ですでに40万部に達した凛『もしもキミが。』とか、知らない本ばかりである。

一般に文芸書は100万部を超えると社会現象化していくのだが、ケータイ小説は知らないところで売られているとしか思えない。

ベストセラーとは、「普段本を読まない人が読んだ本」という皮肉な定義があるように、発売時に読書家の目にとまって読まれる部数はせいぜい数千部である。「セカチュー」こと、片山恭一『世界の中心で、愛をさけぶ』(01年)は初版8000部でスタートしている。翌年、女優の柴咲コウのコメント「泣きながら一気に読みました」が付いたことでブレークし、「普段本を読まない人」の間で話題となった。それでも100万部に達するのに2年半かかっている。

一方、ケータイ小説サイトの読者たちは肌身離さず携帯電話を持っているが、書店には行ったことがないという若者たちである。ケータイ小説のベストセラーは、ケータイサイトですでに話題となっていて、発売と同時にケータイユーザーという膨大な層が、本を買いに書店に走ったのだ。

ケータイ小説による読書回帰？

このような本を読まない若者たちに対して、ケータイ小説による読書回帰を期待する向きもある。確かにケータイ小説サイトで話題になって、書籍化されてベストセラーになる構図を見ると、本を読まなかったケータイユーザーたちが書店に足を運び、本を読み始めているように思える。ところが話は、そう簡単ではない。

文芸出版社によるケータイ小説サイトの担当者によると、配信時のアクセス数とその後の単行本化した際の売上には、相関関係が見られないという。

新潮ケータイ文庫の担当者に聞いたところ、バリー・ユアグロー『ケータイ・ストーリーズ』は、ケータイ配信時に100万アクセスがあって話題となったが、単行本の売上につながっていない。その理由として「携帯電話のユーザーが、ケータイ文庫の連載を小説とは思っておらず、サイトの一部と捉えているからではないか」と、興味深い指摘をしている。

角川モバイルの配信サイト「ちょく読み」でも、電子書籍の販売部数と、その後の書籍化した際の販売部数にまったく相関関係がないという。アニメ化されたメジャー作品について、「ちょく読み」での購入読者に対するアンケート結果によると、ダウンロードのときに初めて知ったという読者が35%も占めていた。書店を利用する一般の読者にとっては、認知度が極めて高い作品に対しても、ケータイ読者の35%は、「知らなかった」と答えているのである。

購入理由は、「何となく目についた作品」だという。著者名や作品による指名買いが少ないこともケータイ読書の特徴である。どうやらケータイ読者は暇つぶし的にケータイコンテンツサイトをのぞいて、その日の気分でダウンロードして読んでいるようである。

見方を変えれば、ケータイによる読書が一般書籍の読者と異なる新しい読者層を形成している、とも言える。このブームはまだまだ目が離せない。

角川モバイル……09年10月に角川グループの再編により、ムービーゲートと合併して「角川コンテンツゲート」に社名変更した。

ケータイ小説を本で読む理由　ブームは定着するか？

ケータイ小説のブームは一過性のものなのか、それとも新しいジャンルとして定着するのか。いずれにしてもケータイ小説ブームは始まったばかりで、よくわからないことが多い。なかでもわからないのは、「ケータイで無料で読める小説なのに、書籍化するとベストセラーになること」である。さらに言えば、問題は「無料で読めるから」だけではなく、ケータイ小説の「文体やスタイル」にもあるはずである。

すでに書いたように、ケータイ小説は携帯電話という読書装置の特性に最適化されたコンテンツである。1画面表示が100字未満の小さなケータイ画面で、テンポよく読めるように会話主体でセンテンスは短くし、登場人物を少なくして筋は単純である。それを前送りだけで読むから興味が続くのである。それを見開き1000字以上の紙面で読んでおもしろいだろうか。

「話題だから売れる」とは限らないのである。ケータイ小説の中心世代は中高生であり、多くは書店に行ったこともない若者たちである。彼らはおしなべてケータイリテラシーが高い。手で書くより早くテンキーで文字を打ち、ケータイ画面で文字を読むことのほうが、紙で読むより多いのである。

なかには「文字しかない本を読むと頭がクラクラする」とまで言う子がいる（学生からこのセリフを聞いたときは、こっちの方がクラクラした）。

ケータイ小説ブームの特徴

ケータイ小説の特徴について、もう一度まとめてみよう。ケータイ小説が注目されたのは00年に連載開始した『Ｄｅｅｐ Ｌｏｖｅ』であり、さらにケータイ文庫と内藤みかにより、読者層が広がったといってよい。

しかし、今日のように「ずぶの素人による小説のようなもの」が爆発的に広がったのはケータイコミュニティサイト「魔法のｉらんど」の功績が大きい。同サイトからの書籍化は第１号が05年10月発売のＣｈａｃｏ『天使がくれたもの』であり、07年の２月までに16タイトルが書籍化されている。その発行部数合計は５００万部を超えたという。

こうなると出版社各社は「魔法のｉらんど」サイト内で、つぎの金脈探しに血眼になってくる。さらに自らケータイ小説サイトを開設するのに大わらわである。

ベストセラーは都心の書店で動き始め、テレビや雑誌が取り上げることで地方へ波及するのが一般的である。しかし出版業界紙『新文化』（07年３月15日付）によると、ケータイ小説は「都市部と地方の販売動向にほとんど差がない」という。ケータイサイトで発売日を知って買いに走ることから、極めて短期間にベストセラーになるのである。

ケータイの親近感

内藤みかさんに「ケータイ小説を書く際に意識していること」をメールで質問したところ、「読者との心理的距離を非常に近くにおいてます。親友のようなつもりで書いてます。メールに類似したノリを意識しています」と返事をくれた。親友へ携帯メールを出すように書く、というのである。

携帯メールの文体が親密感があることについては、言語学者の三宅和子氏が「書きことばである携帯メールのメッセージは、まるで話しているようだ、と評されるほど、話しことば的」であるとした上で、「携帯メールのコミュニケーションが、若者にとって快い距離と親密感を作り出している」と指摘している。

ケータイメディアならではの文体がケータイ小説にも影響を与え、さらに読者から親しみを持って受け入れられている。同様の指摘として「今の若い世代は、友達の日記を読むような感覚でケータイ小説を読んでいる」（前掲新文化）とある。しかし、その特性のため「上の層に広まらず」にブームは収束する可能性がある。

親密感が生み出すケータイ小説ファン心理

「ケータイで無料で読める小説なのに、書籍化するとベストセラーになる」のはなぜか、と疑問を投げかけた。その問を解くヒントとして、まず「無料だから読まれているのではなく、ケータイ小説の持つ親密感が読者を引き付けている」とした。その「親密性」は、ケータイメールやケータイサイトなどケータイメディアに共通の特性である。

なぜ、本を買うのか

さらに注目しておきたい点は、ケータイ小説の読者層が、普段本を読まない若者たちであることだ。書店に行ったことがないという若者たちも多くいるという。

すると次の疑問が生じる。本を読まない若者が、なぜケータイ小説の書籍版なら買うのだろうか。これには「ケータイ小説、あるいはその作家に対するファン心理」が根底にあると考えている。

ケータイ小説サイトでは、連載中から、同じ目線で読者と作家の交流が行われている。読者のコメントは作家へのファンレターというより、同じ悩みを共有するものからの同情や励ましである。ときには小説のプロットについてのアイディアなども寄せられている。読者は自分がもっともシンパシーを感じる作品に対して、毎日関わることができるのだ。極論だが、完成した小説は読者にとって自分の作品ともいえるのだ。

「書籍化すると〝直ちに〟ベストセラーになる」のは、推測だが、ファンが「発売日に買いに走る」からだ。読まずに手元に置いておくだけの読者も多いに違いない。「発売日に買いに走る」というのは、アイドル歌手のファン心理にも似た行動である。

ケータイ小説家も本を読まない

かつて小説は文学青年や文学少女によって支えられてきた。同人誌や文学同好会から習作が創り出され、合評会だの読書会だのという青臭いプロセスを経て作家や作品が世に出てきた時代もあった。やがてテレビドラマ化や映画化などにより文芸作品史上が次第にマスプロ化した。そして小説新人賞が話題になり、作家のタレント化が始まる。ワープロの登場が長編小説が増えた要因と指摘され、あるいは一億総作家時代を招いたとも言われる。

それでも小説は紙に印字され印刷によって広まるものだった。しかし、ブログやSNSとともにケータイの普及は、書き手を増大させ、その変化を飛躍的に推し進めることになった。例えば読者だけではない、書き手にも本を読んだこともない人が増えることになる。携帯電話のテンキーで書くのだから、段落や改行といった基本的な原稿用紙の書き方など知る必要もないのである。

余談ながら、ミリオンセラーになったケータイ小説サイトのトップページに「誤植修正中」と出ていた。その悪びれることのない態度に、ちょっと目が点になった。しかし、気を取り直して考えてみれば、これこそケータイ小説の特性ではないか。いつでも直せるだけではなく、間違っていれば読者（ファン）が、優しく指摘してくれるのだ。

ケータイ入力による文体

ケータイ小説の文体が、小さな画面の制約によって形成されていることは、すでに指摘した。もう1つ、テンキー入力による文体の形成も忘れてはならない。

仕事柄、学生からの質問や読者の問い合わせをよくメールでもらう。最近、パソコンではなく明らかにケータイで送ってきたと思われるメールが増えた。よく言えば簡潔、悪く言えば（言わなくとも）素っ気ない。単刀直入、要件のみで挨拶抜きである。

eメールが登場したとき、手紙と違ったネチケットがあった。米国発の文化だけに、くどくど時候の挨拶など書かないフラットなやりとりが好まれた。しかし、ケータイメールはeメールとも異なった顕著な傾向があるのだ。

よりよい教材流通に向けた教育における著作権再考

以前、マンガや娯楽小説のように世の中になくても困らないが読むと楽しいものは、読者は対価を払って読むべきである、と書いた。そして公共財ともいえる学術論文などは、正反対にオープンが望まれている、とした。

インセンティブ（報奨）論によれば、著作権者はお金か名誉の報奨を得る。極論すれば、職業作家に対する報奨は金であり、研究者のそれは名誉である。

教育機関の著作物使用料

この職業作家の著作物と学術研究における論文著作物を左右の両極とすれば、大学教科書などの専門書は、ちょうどその中間に位置している。よい教科書を書けば、教科書採用教員や学生からの評価という、そこそこの名誉があり、出版社からは、執筆した労力にはまったく見合わないものの、そこそこの印税が入るのである。

教育における著作権は、必ずしも公共性から論じられない灰色な位置にある。それが各国における教育における著作物利用について、解釈と運用の差を生じさせている。例えば、日本では著作権法35条で「教育機関における複製等」が制限規定されているが、このような規定は世界の少数派である。また、解釈が現場レベルで、いくらでも拡大されてしまうので紛糾の種である。

日本の複写権管理団体の徴収額は1・5億円にすぎない。一方、欧米では著作権集中処理機構における収入源としては、教育機関が高い比率を占めている。日本複写権センターが行った海外調査によると、英国105億円（新聞は別に37億円）、仏国41億円、米国120億円、人口わずか464万人のノルウェーでも38億円になる。

最も古い歴史を持つ出版社オックスブリッジの国、英国では、105億円のうち、20・5億円を初等・中等教育機関、26億円を高等教育機関の学校予算で支払っている。

日本は読者を保護するためでなく、経済団体の強い意向により、著作権使用料が極めて低く抑えられている。欧米では、よりよい教科書・教材製作のための執筆費や編集費が豊富な著作権使用料によって支えられている。結果的に有効な権利処理システムが構築され、現場では他人のよい著作物は積極的に利用されている。そこには著作権を認め対価を支払うことで、新たな著作活動が行われるという、よい循環がある。

著作権法35条は、本当に機能しているのだろうか。

MIT OCWと著作権

マサチューセッツ工科大学（MIT）が01年に発表し、いまや日本や各国の大学に波及したプロジェクトにOCW（オープンコースウェア）がある。講義の教科書や教材をオープンにするにあたっては、すべての著作権はクリエイティブ・コモンズのルールに基づいている。

当初から計画に携わった宮川繁氏は、500コース仕上がったところで、「平均してどの講義ノートもその内容の約3割は著作権にひっかかっている」ことがわかったと言う。そして、この3割はとてもよい内容であり、利用も必然的なことだという。

自分の見方だけではなくて、他の先生の見方も紹介することで、他の先生の論文に大きく言及せざるを得ない、その結果、その著作権にひっかかるという、教育教材の本質を指摘している。

ＭＩＴでは、知的財産を専門とする弁護士を雇い、すべてのコースウェアの著作権処理を行った。その結果、ハリウッドの映画というごくわずかの例外を除き、クリエイティブ・コモンズの趣旨に賛同した上で、転載許諾をとることができたという。

日本のように教育における権利制限規定がない米国では、著作権集中処理機構は、多額な徴収額を教材の複写利用から得ている。そのような社会的制度や背景がありながら、一方で、運用によってオープンな著作物流通の環境が成立しているのである。

ケータイコミックの市場動向と課題

ケータイ小説を取り上げた際に、電子出版市場ではケータイコンテンツの伸びが著しいことを述べた。その傾向は05年に始まっており、出版社などコンテンツ提供会社がインターネット配信からケータイ向けビジネスに切り替えた年と言われている。しかし、コンテンツ配信で成功しているのは小説ではなく、コミック（マンガ）である。ケータイ小説のように書籍化することで収益を上げるのではないケータイコミックの動向について、取り上げてみたい。

ケータイコミックの市場動向

インプレス『電子書籍ビジネス調査報告書２００６』によると、05年度の電子書籍市場規模を約

94億円、前年度のほぼ倍増と推定している。市場規模の内訳は、パソコンが約48億円に対し、ケータイ向けはほぼ4倍増の約46億円（04年12億円）と市場を牽引している。

このうちケータイコミックの市場は04年に1億円程度だったのが、05年には12億円となった。この年にケータイコミックが注目されたわけだが、急成長を示すのはむしろ06年になってからである。インプレスの調査報告書がまもなく発表となるだろうが、おそらく06年は120億円前後と推定される。

ある業界関係者は期待を込めて、2010年に500億〜600億円、将来的には1500億〜2000億円と予測している。これはコミック出版市場5000億円の1割を1つの目標として、着メロ市場の成長傾向を重ねた予測である。

つまりケータイコミックでコミック出版市場の何割まで取れるかがポイントとなる。詳しく分析するには印刷メディアとケータイメディアを比較し、読者層や情報行動の違いを見ていく必要がある。単純に印刷メディアからケータイメディアに読者が移ったわけではない。この点を検討する前に印刷コミック市場を見ておこう。

コミック市場の傾向と期待

コミック出版の売上は、コミック誌（マンガ雑誌）と単行本のコミックスが、ほぼ同数である。05年には、減少傾向のコミック誌を雑誌連載の二次利用中心のコミックスが追い抜いている。コミックスが好調なのは、テレビ化や映画化されてヒットしたことと、雑誌連載では読まないで単行本化されたら一気に読む読書傾向が強まったためと言われている。

雑誌の減少を補う意味からも、ケータイコミックへの出版業界の期待は大きい。05年9月に講談社、小学館、集英社などコミック誌を発行している出版社が、「デジタルコミック協議会」を設立した。その後、業界の関心の高さを受けて1年後には20社を超える団体となっている。

協議会では電子コミックのフォーマットの標準化やポータルサイト運営の効率化、電子書籍の取次サービスのあり方や海外市場開拓を目的としている。

社内電子書籍の取次流通

このうち電子書籍の取次サービスは、現在、3社が行っている。この分野を開拓したデジブックジャパンに加え、06年にモバイルブック・ジェーピー（MBJ）とビットウェイが参入した。

MBJは音楽配信ビジネスを行っていたITベンチャーのミュージック・シーオー・ジェーピー（現MTI）から電子書籍部門が独立した会社で、06年秋に大日本印刷が筆頭株主となった。また凸版印刷から05年に分社したのがビットウェイであり、さらに電子書籍制作プロダクションとして長年活動を続け、インプレスグループ入りしたのがデジブックジャパンである（現在の筆頭株主は凸版印刷）。

これだけ見ても電子書籍業界の再編が行われた結果、流通基盤が整備されてきたことがわかる。コミックサイトは03年11月に登場してから、まだ歴史は浅いが新規参入が著しい。

デジタルコミック協議会……2010年2月現在で参加35社、賛助会員4社で構成されている。

ケータイコミック読者層の傾向特性と問題

ケータイコミック市場が急進していることで、代表的なコミック誌を発行している大手総合出版社も、ケータイコミックサイトを開いて積極的に市場拡大に取り組んでいる。

この背景にはコミック誌の部数減少がある。原因として、よく指摘されるのが少子化である。確かにコミックの中心読者である若年層の人口減少は影響力も大きい。しかし、詳細に見ていくと問題はもっと根深いところにある。

若者のコミック離れ

コミック読者の高齢化は今に始まったことではないのである。小学生のバイブルであった『少年ジャンプ』ですら、その例外ではなく、さらに上の若者世代もコミック離れを起こしている。超人気コミックに雑誌の売上を依存するあまりに連載が長期化し、その結果、新しい読者が読み始める機会を奪ってきたといわれている。また週刊連載が今の読者のテンポに合わないという指摘もある。何よりも、コミックが子供たちの娯楽の王者ではなくなったということだろう。アニメやゲームに続き、コミックの国際化が注目されてはいるが、その相対的地位は下がる一方である。

ケータイコミックの読者層

ケータイ電子書籍のサイト状況は、凸版印刷の子会社であるビットウェイ資料によると、06年の11月でNTTドコモ、KDDI、ソフトバンクの3キャリア合計で220サイト、そのうちコミックが105である。07年8月現在では、同じく3キャリア合計でほぼ倍増の409サイト、コミックが202サイトである。サイト数を押し上げてきたコミックであるが、新規参入は頭打ちとなり、収益性の悪いところから撤退が始まる時期であるという。

利用者増がサイト数増加の一番の理由であるが、なかでも女性の増加が目立っている。ケータイコミックの業界最大手にNTTソルマーレがある。サービスを開始した04年は利用者の80％が男性であったが、その後、女性利用者が急増し、06年頃から男女半々になってきたという。

ビットウェイのケータイサイト「Handyコミック」では、ユーザーアクセスは20歳代前半の女性が一番多く、次いで10代後半の男女、20代後半女性となる。ところが購入金額で見ると、圧倒的に20代後半の女性となる。10代前半の男女は極めて少ない。これは、どのコミックサイトにも共通の傾向である。

小学校上級生から中学生と言えば、男女問わず大部数を誇るコミック誌の読者層である。彼らの携帯電話所有の絶対数が少ないこともあるが、メディア特性の違いにも注目したい。

ケータイコミックは日陰の身か

ケータイコミックのベストセラーランキングを見ると、この分野の購入傾向がはっきり表れている。雑誌連載で人気コミックとして知られた作品は、男性誌の成人向けコミックが一部にあるものの、ほとんど登場していない。大半がレディースコミックで、ボーイズラブなど過激な性表現のある女性の成人向けコミックである。

都条例により「不健全図書」と指定された雑誌は、他の雑誌と分けて陳列されている。このことで店頭で手にしにくくなっていたことが、ケータイコミックに飛びついた背景かもしれない。

当初は電車の中での暇つぶし読書と予想されていたが、午前の時間帯の購入はむしろ少ない。その多くは夜8時以降で0時前後にピークとなる。ケータイノベルと同様に、ベットに入ってバックライトで読むといわれる読書行動である。購入が深夜なのはコンテンツの内容とも関係するだろう。

誰かが不健全と指定したところで、個人のレベルで不健全かどうかなんて、わかることではない。カメラもビデオテープもネットも新しいメディアの普及は「不健全」パワーが牽引してきたのである。

コルマールでの標準化会議　オーディオブックの提案

電子出版分野の国際標準化会議（IEC TC100 TA10）が、06年のベルリンに続き、07年10月11日にフランスのコルマール市で開催された。国際標準化動向と電子出版のテーマについては、ベルリンでの第1回会議が開かれた際に紹介した通りである。（184ページ参照）

会場となったコルマール市は、ドイツとの国境に接するアルザス・ロレーヌ地方にある。山脈で線引きすればドイツにつながるが、ライン川で引けばフランス地域となる。この地形もあって独仏紛争の地として、歴史上領土の割譲がたびたび行わ

ボーイズラブ……略称はBL。少年（美少年）同士の同性愛を題材とした女性向け作品のジャンル。

れている。

三十年戦争によりフランス領となっていたが、１８７０年の普仏戦争の結果、フランスが敗北し、ドイツに返還されている。教科書でなじみ深いドーテ『最後の授業』の舞台背景である。

この地方最大の都市は、欧州議会本部のおかれるストラスブールである。世界遺産でもある旧市街の中心にグーテンベルグ広場がある。広場の中央には、この地で印刷技術を発明したと伝えられるグーテンベルグの像がある。街で買ったパンフレットによると、１８４０年に活版印刷発明４００周年を記念して建立されたものである。

一方、工業誘致も熱心で、20年ほど前にソニー、リコー、コニカミノルタが相次いで研究所や工場を設立している。今回はフランス・ソニーが事務局となり、ＴＣ１００がこの地で開催されることになった。

オーディオブック

今回のＴＡ１０では、すでに国際標準となった電子書籍用のＸＭＬ交換フォーマットに、携帯電話などの小型画面用の仕様が追加提案されたことと、ケータイコミックにも対応したリーダーズフォーマットの提案、さらに電子辞書の標準化に向けた検討が行われた。いずれも日本からの提案である。

一方、今回はじめて米国からＴＡ１０に向けた標準化提案があった。03年にＡＮＳＩ（米国規格協会）規格によって米国国内標準となっていたオーディオブックを国際標準にしようとする提案である。

日本で販売されているオーディオブックというと名作小説の朗読や落語が多く、市場は小さい。ところが欧米では日本と比較してオーディオブックの市場が大きい。これは本を読む社会的環境の違いに起因している。

一般に、日本人の読書時間と空間で多くを占めるのは通勤時間の電車内である。大衆娯楽小説や文庫本は電車通勤時間が増えるに従って開発されてきた。その一方、マイカー通勤の多い米国ではオーディオブックという形で発展した。そのため米国の忙しいビジネスマンは小説だけではなく、ビジネス書なども通勤途中の車の中で、カーステレオから聞いているのである。

米国市場はかなり大きく、『パブリッシャーズ・ウィークリー』(07年9月3日号)によると、06年の売上は、9億2300万ドルで前年比6%増である。書籍・雑誌・新聞を含む全書籍の販売額は約250億ドルであり、その4%を占めている。オーディオ出版協会の調査によると、CDの売上が77%と一番であるが、ポッドキャストなどのダウンロード形式が14%(前年比9%増)と売上を伸ばしている。米国では自作の朗読音声をポッドキャストで配信し、人気を得たiPod小説作家が注目されているという。その後、紙媒体で書籍を発行するあたりは、日本のケータイ小説にも通じている。

ANSI規格は、もともとDVDやCD-ROMをベースとした音声主体のオーディオブックのために規格化されたものである。その設計思想は、カセットテープ

ポッドキャスト……「iPod」と「ブロードキャスト(放送)」を組み合わせた造語。ウェブサーバ上に音声や動画ファイルをアップロードしてインターネットを通じて公開すること。

い時代にある。このため1つのコンテンツを1つの音声ファイルとするのが基本で、データ量が大きいためダウンロードサービスには不向きという指摘もある。日本の語学教材などに多い、テキストと音声の連動に拡張できれば、今後大きな市場が期待できる。

電子書籍の再興隆

2008年1月〜2010年現在

ソニーリーダーに続くアマゾンで電子書籍端末再浮上か

すっかり影を潜めていた携帯型の電子書籍端末であるが、このところ米国で復活のきざしである。その決定打と期待されるのが07年11月19日にアマゾンが満を持して発売した「キンドル」である。「点火する」の意味を持ったこの電子書籍端末が、本当に電子書籍市場に火をつけられるのか、興味がつきないところである。そこで、米国市場で先行するほかの電子書籍端末も取り上げながら検討することにしよう。

今までの電子書籍端末

振り返ってみれば90年代末からのドットコムバブルに乗って、米国では日本より一足先に電子書籍端末のブームを迎えていた。シリコンバレーのベンチャー企業が開発したロケットeブックやソフトブック、さらに両社を買収したジェムスターといった名前を懐かしく思い出す。しかし、バブル景気を背景としたところもあってブームの潮が引くのも早かった。日本でΣBookやリブリエの発表が行われた03年は、米国での液晶電子書籍端末終焉の年でもあった。

松下電器はΣBookの後継機、ワーズギアを06年末に発売した。カラー液晶の1画面として、音声や動画にも対応している。デジタルコミックやiPodも意識したのだろうが、かえってコンセプトが曖昧になったと言える。案の定、モバイルPCやケータイ端末、あるいはシャープのW-ZERO3などがしのぎを削る市場の中で一度も浮上してはいない。

ソニーリーダーの健闘

一方、ΣBookと比較すれば多少売れたソニーのリブリエであるが、投資額を考えれば惨敗であろう。そこで日本を見限り米国市場向きに機能を絞り込みソニーリーダーとして発売したのが06年秋。これが予想以上に健闘して1年間で10万台販売したという。

ソニーリーダーは、リブリエからキーボードをなくしてシンプルなデザインとなった。その結果、評判の悪かった検索機能や辞書がなくなっている。日本人は多機能製品を好む傾向があるが、米国では新商品を投入するにはユーザーに印象付けるためシンプルにする必要があるという。商品コンセプトを明確にするのである。

この「読むこと」に徹したことに加え、ソニーらしくもなくPDFが読める点が評価されたという。07年秋に2号機にバトンタッチしている。基本的にはユーザーインタフェースの改良とEインク社の電子ペーパーの機能向上である。

電子ペーパー搭載の電子書籍端末を利用した人の多くが、読みやすさに満足し、書き換え速度が遅いことに不満を感じる。リブリエの検索機能が評判悪かったのも、CPUの処理速度に問題があったのではなく、表示が遅かったからである。さらにメニューの表示やカーソルの動きが悪く、利用していてイライラすることになる。リーダーといっても、ただページをめくるだけではないのだ。当初、検索機能がないことに批判もあったが、中途半端な機能なら、なくて良かったようである。

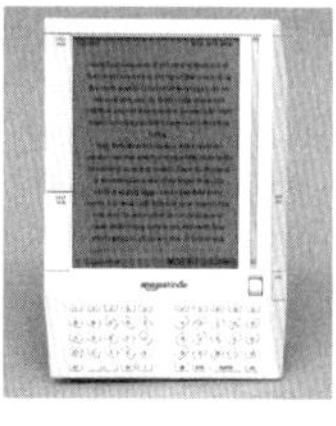

キンドル……左写真。

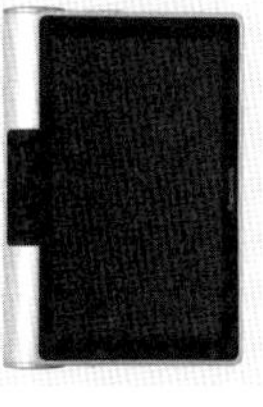

ワーズギア……左写真。

２号機は書き換え速度の向上というより、インタフェースの変更に工夫がある。その１つが右側に縦に並べたボタンである。メニュー画面を表示した際、従来であればカーソルがゆっくり下がるのを待つことになったが、この改良でメニュー横のボタンをダイレクトに押して選択することができる。

なおキンドルでは、同様の理由からだろうが画面の右横に液晶による縦に細い長いデジタルバーがついている。これをスクロールホイールで上下に動かして使う。

ソニーリーダー２号機の値段は１号機と変わらず約３００ドルで、画面サイズは６インチである。カラー化は、ユーザーよりも出版社からの要求があるという。米国では電子書籍の有望な市場として大学などの教科書がある。オールカラーで分厚い自然科学系教科書を何冊も抱えることを考えると、電子書籍端末は魅力的なのだろう。

電子書籍端末の市場背景　ソニーリーダーとキンドル

アマゾンのキンドルが販売されて、ひと月ほどたった。ウェブサイトには実際に利用したユーザーの声が続々とあがっている。何よりもアマゾンキンドルのサイトには、すでに１０００を超えるカスタマーレビューが並んでいる。評価は最高の五つ星が一番多く、次が最低の一つ星と割れている。発売と当時にかなりの注文が殺到し、数時間後に一時品切れとなった。初期生産台数については発表がないのでわからないが、08年1月現在も出荷待ちが続いている。

今回は、米国での電子書籍に対するニーズについて検討してみよう。とくに日本とは異なった書籍販売の実態がある。

電子書籍のニーズ

ソニーリーダーが売れた背景の1つとして、米国ソニーの担当者は、電子書籍のポータビリティ（携帯性）をあげている。米国の大型書店に入るとわかるが、棚や平台を埋め尽くす本の多くは大きくて厚いハードカバーである。例えば日本では『ダ・ヴィンチ・コード』の翻訳版は、文芸単行本に多い四六判上製で上下2巻、文庫本化の際に上中下3巻で出版されている。これが米国では菊判を一回り大きくしたサイズのハードカバーで1巻なのである。

この大きくて不便な本を米国人は、旅行や休暇に2、3冊持って行く。そして読み終えれば捨てて帰ってくる人も多い。一方、ソニーリーダーの重量は9オンス（255グラム）、キンドルでも10・3オンス（292グラム）と、ペーパーバック1冊よりも軽い。米国人にとって書籍の携帯性が、長い間潜在ニーズとなっていたと言われる理由である。

一方、米国出版業界の現状として、書籍返品コストによる経営圧迫があり、過去の出版物の在庫増も負担となっている。そこに加えて、アマゾンやバーンズ&ノーブルなど大手書店による書籍流通の寡占化が脅威となってきている。日本と異なり米国は大手の取次がなく、販元と書店の直接取引が多い。このため卸正味が個別交渉となり、勢い多量部数を買い付ける大手書店が優位となっている。

しかも米国では再販制度がないこともあり、書籍の価格決定権が書店に握られつつあるのだ。そこで電子書籍ならば取次や書店を飛び越して、出版社と読者を直接結ぶことが期待されるのである。

このような背景があってか、日本と米国で出版社の対応が大きく異なっていることに注目しておきたい。日本での電子書籍は品切れの旧版が多かったが、米国出版社は積極的に新刊を提供している。ソニーリーダーでは、『ニューヨークタイムズ』のベストセラーリストの7割をカバーしているという。また参加出版社のうち大手6社で市場の8割を占有しているとのことである。

電子書籍の価格

電子書籍の価格は、だいたいのところ紙の本の20〜30％割引である。発売開始時でソニーリーダー対応の電子書籍は1万タイトルだった。当初の予定より遅れているが1年後2万タイトルまで増やしている。これに対し、キンドルはスタート当初から約9万タイトルを準備している。さすがにアマゾンというべきか、底力を見るようである。ちなみに米国の郊外の大型書店で、だいたい20万冊くらいの在庫である。

ソニーリーダーが発表になった際も、かなり話題となったようである。販売台数は1号機が10万台に達し、07年10月に2号機を発売した。いずれも価格は約300ドルである。2号機と同時期に発売されたキンドルはこれより100ドル高いことになる。

電子書籍端末の書籍タイトル数概算……2010年6月現在、アマゾンは50万冊、そのうち日本で入手できるのは40万冊。グーグルは200万冊（著作権切れを含めると400万冊）。ソニーは15万冊（グーグルとの提携で追加100万冊）。アップルは6万冊。

ソニーリーダーのファイル形式は当初XML形式のBBeBであったが、その後EPUBを全面的に採用した。またPDFも採用した。ただし、PDFは拡大縮小ができないので全画面表示のみである。米国に多いレターサイズの文書を6インチ画面で読むと、文字がかなり小さくなって読みにくい。これは技術的解決を検討しているという。

図書館とデジタルアーカイブの新たな連携に向けて

国立国会図書館がデジタルアーカイブ（文化資源のデジタル化）事業に取り組むことが話題となっている。このデジタルアーカイブについては、07年末、文化審議会著作権分科会「過去の著作物等の保護と利用に関する小委員会」でヒヤリングに呼ばれ発表する機会があった。

電子出版への影響

保護期間の延長に対しては、デジタルアーカイブ事業への支障や、膨大な孤児著作物を生み出すことへの懸念が寄せられている。一方、著作権の追跡データベースを作り、権利者の自由使用に対する宣言を確認して対処すべきという意見もある。

デジタルアーカイブによって著作権の円滑な流通を検討するならば、従来、出版社が印刷メディアによって果たしてきた情報流通の役割を評価しておきたい。

そこで電子出版ビジネスへの影響について、何かしゃべれと言われたのである。もちろんデジタル革命の進展によって印刷出版物の相対的価値はますます下がるし、その市場規模も宿命的にシュリンクしていくだろう。

その際、出版の世界で守るべきものは会社組織や産業ではなく、表現の自由であり、人々の知る権利を守る活動なのだ。この活動に関わるからこそ、出版社の存在意義がある。

生成・流通・販売サイクル

出版活動は、印刷による複製技術と物流による頒布を基盤としている。そして情報の「生成・流通・販売サイクル」の1つとして、生成加工を行っている。この活動は読者が対価を投資するのに見合った作品とするために、信頼性付与を行うことでもある。

デジタル出版は、デジタル複製とネット流通を基盤とすることでローコスト化したが、コンテンツは一般に思われているほど安くはならない。それは人間の知的活動による情報生成が、コスト的に相変わらず大きなウェイトを占めているからである。そして、この著者による「生成」を支えているのが出版社なのである。

また、この出版サイクルは出版業界と読者のコスト負担による自立的システムである。歴史的に見れば出版界は国家の庇護を受けることなく、ときには弾圧を受けながら活動を続いてきた。紆余曲折はあるものの、表現の自由を確保するために時の権力者、為政者の影響を排除してきたのである。

一方、図書館が担ってきた蓄積は、このサイクルにおいて販売とは別の流通ルートを形成している。図書館は誰でもが情報にアクセスでき、国民の知る権利を担保する役割を担っている。つまり現行の情報流通システムは、出版界と図書館という2つのルートを持っていることになる。

デジタルアーカイブと出版

すると、デジタルアーカイブは必ずしも従来の蓄積だけを意味するのではないことになる。ネット上にアーカイブされることは、運用によっては誰でもが自由に情報を入手できることである。もちろん、それでは著者の知的生産活動や出版システムが成り立たなくなるので、なんらかの利用制限か補償金が求められることになる。

このように図書館活動の延長上にあるデジタルアーカイブは、ネットを利用した流通システムでもある。学術情報流通では互いに相手を補完する存在として活動してきた出版界と図書館であるが、今、役割分担の見直し時期を迎えたのかもしれない。

ただ、利用に対価を求めないアーカイブにより情報流通量が増大し、出版システムの流通量が減少するかもしれない。このアーカイブを維持する運営費は、行政予算や大学機関などの外部から求められることになる。結果的に情報流通システムが読者の支配から離れ、他者依存が強まる懸念がある。依存した先の意向によってコントロールを受けたり、影響を受ける可能性があることについて注意すべきである。

国会図書館サービスの方向性

08年4月26日に日本出版学会春季研究発表会が開催された。午前中には2つの分科会で個人研究発表があり、午後は特別シンポジウム「デジタル時代の図書館と出版」をテーマに、長尾真国立国会図書館長の基調講演「デジタル図書館サービスと出版界」とパネルディスカッションが行われた。

分科会発表

分科会の1つは翌月のＩＰＡ（国際出版連合）ソウル大会と合わせて開催される国際出版フォーラムのプレ発表である。僕も「出版振興政策と著作権法改正論議にみる出版社の役割」と題し発表した。プレ発表であるから本来は韓国での発表通りでよいのだが、いくつかの理由があって修正することにした。

1つの理由はＩＰＡ大会に関連して、光州市で大学出版部協会3ヵ国セミナーが併催される。そこでも発表することになっていて、演題は「各国著作権法における教育関連制限規定の比較分析とデジタル・ネットワーク社会での課題」である。このときはデジタルアーカイブに関連して補償金制度導入の意義について取り上げる。そして国会図書館によるデジタルアーカイブは官立の情報流通システムであって「自立的情報流通システム」である出版流通を時には脅かしかねない、と懸念を表明する予定である。これが午後のシンポジウムテーマに関連するので、付け加えることにした。

刺激的長尾試論

午後の基調講演の講師は長尾真国立国会図書館長である。これが出版人や関連メンバーに極めて挑発的な内容を含んでおり、注目されることとなった。おかげで例年以上の一般参加者を数えることになった。

長尾真氏は、07年、民間人として初の国立国会図書館長に就任した。97年より6年間にわたり京都大学総長を務めており、もともとは機械翻訳、つまりコンピュータによる言語処理で評価の高い研究者である。京都大学図書館長時代に電子図書館に取り組んで先駆的な成果を上げ、これが縁で日本図書館協会会長を務めるなど図書館人のイメージもある。ただ、ライブラリアンとして経験があるわけでなく、本に対しては情報のパッケージというとらえ方である。

長尾氏の発想の原点に研究型図書館があり、すべての本を電子化することで利用率が高まるといった技術決定論があることは当然と言えば当然なのである。

民間利用が中心で絵本や実用書の並ぶ公共図書館と、理工系の洋書購入費が予算の半分以上を占め、その多くが電子ジャーナルである大学図書館では、同じ図書館と言っても実態に差がある。

そもそも図書館に勤めたくて司書になった人たちは、紙の本が大好きである。出版人も紙の本が好きな人が多いが、市場動向に敏感な分、電子出版には一定の理解と不安を感じている。そこに昨今注目の長尾氏が直接デジタル図書館構想を語るために登壇したのだ。注目されないわけがない。

まず、議論の前提として「音楽配信がＣＤの売上を超え、映像、本、新聞などのコンテンツもダウンロード課金に移行する」とし、紙資源の節約や情報技術の進展をあげている。その結果、学術情報や新聞の電子化が進行するとしている。

さらに本や雑誌について「使いやすい端末が出てくれば雑誌はほとんど電子的に読み、冊子体のものは使われなく」なり、「本も1回読むだけなら電子本」がよいし、「ダウンロードしたページ数により課金」するようになるという。京都弁のアクセントが残る穏やかな口調ながら、話が進むほど内容は刺激的になってきた。さらに、新たなビジネスモデルの提言と続いていく。論じている方向性に間違いはないが、実現可能な将来をいつに設定するか、という課題が残る。

長尾予測の実現性

長尾氏は、かつて「紙に印刷する従来型の本は芸術的要素を強く持つものに限られるようになるだろう。したがって、20〜30年先には出版されるものの70％以上のものは電子形態のみのものとなり、冊子体で出されるものも同時に電子的に入手できるだろう」と述べている（『電子図書館時代へ向けての大規模図書館の未来像』96年）。

ほぼ10年前の予測だが、では今から20年後に出版される本の7割以上が電子本だけになるだろうか？　電子出版に関して講演する際には、いつもこの長尾予測を紹介し、聴講者に賛同するか問うことにしている。面白いことに講演会の主催団体によって、その比率は極端に変わる。長尾予測に賛同する率が高いのは、出版界よりも印刷団体であり、当然、経営幹部よりも若手の集いの方が高い。一番高かったのは理工系大学の情報社会学科の学生であり、誰も手を挙げなかったのが、なんと図書館司書の研修会であった。

先ほど述べた通り、図書館に勤務している人の多くは紙の本が大好きな人たちなのである。より正確に言えば、紙の本が大好きな人が図書館に就職するのだ。図書館情報学の研究者たちが、いくら情報学の中で図書館をとらえ直そうとしても、現場は笛吹けども踊らずである。

確かに図書館の生き残りのためには、大学図書館では機関リポジトリ（保管・公開）システムへの取り組みがあり、公共図書館では情報の交換窓口としての電子図書館化が求められるだろう。この流れの先に長尾予測が存在する。図書館の総本山として国会図書館の電子化が進んでいる。

電子化の必要性と図書館の現状

長尾氏は先の日本出版学会シンポジウムでも、この予測に大きな変更をしなかった。電子本に切り替わるタイミングを10年から15年後とし、過渡期として5年から10年後に変化がやってくるとした。他のパネリストたちは、変化があるにしても、もっと長期的にとらえていた。これに対して長尾氏は会場にいた多くの人が出版界の現役である時期に変化がやってくるとしたのである。

長尾氏の予測の底には、本は情報の流通パッケージであり、よりよい流通手段が手に入った段階で切り替わっていくという認識がある。明らかに社会変化に対して技術主導のとらえ方である。

公共図書館は、無料貸出が原則である。しかし、長尾氏は自宅から図書館の蔵書にアクセスできるようにして、電子本のダウンロードごとに利用者がわずかな手数料を支払うモデルを提唱した。その料金は図書館に行く電車代より安くし、出版社に還元できるようにする。結局、「公共図書館は著者・出版社と読者との間のつなぎ役」（出版物の一種の取次）として機能するという。この通りだとすれば図書流通の変化につながる。

図書館には古典籍や貴重本、歴史的資料も保存されており、これらはオリジナルであることが重要である。その一方で貸出による劣化を防ぎ、保存のためにデジタル化する必要もあるだろう。

公共図書館で人気のある図書は文芸書や実用書などである。これらがデジタル化されたとしても、どれほど読まれるだろうか。公共図書館のデジタル状況については、日本図書館協会常務理事の小池信彦氏が報告した。コンピュータ導入率も含め思ったより低い。中心的利用者が市民であり、現状のニーズに応えるとなると自館所有資料のデジタル化やデジタル資料の購入よりも絵本やベストセラーも含めて貸出希望優先の業務にならざるを得ないのだろう。

一方、大学図書館のデジタル化は勢いを増すばかりである。東京大学出版会の橋元博樹氏は、デジタル情報の発信を図書館が行ったとしても、その品質保持、信頼性付与は変わらず出版社の役割であると主張した。

さて、長尾予測は当たるだろうか。思ったよりデジタル化は早いのか、それとも紙の本はしぶといのか、興味は尽きない。

電子ペーパーの普及と電子書籍端末

米国『エスクァイア』誌の08年10月号（75周年特別号）が、表紙の一部と表2の広告1ヵ所に電子ペーパーを採用し話題となっている。さっそく紀伊國屋書店新宿南本店の洋書フロアに直行したのだが、普通の表紙の『エスクァイア』誌が積まれているだけだった。電子インク版は10万部限定とのことで、残念ながら輸入はされないようだ。米国でも噂を聞いてニューススタンドを探し回ったとブログに書いている人がいるから、75周年特別号の効果は十分あったようだ。翌年にも同様の試みをするという。

雑誌として世界初の試み

個人輸入のサイトではプレミアが付いた値段なので諦めたが、知人を介し手にすることができた。

表紙を袋とじにしてバッテリーや駆動部を中に隠してあるが、薄いので違和感はない。電子ペーパーはアマゾンのキンドルやソニーリーダーなど電子書籍端末に用いられているEインク社製のフロントパネルである。ただ、バックの駆動部はポップ広告などに使われるセグメントディスプレイで、THE 21ST CENTURY、BEGINS、NOWの文字にセグメントを切ってある。これを電圧の切り替えで単純に白黒反転させて明滅させせただけである。それでもフィルムの一部にカラー印刷してあるので、バナー広告のようで注目度は高い。

バーンズ＆ノーブルなどの大型書店や空港の雑誌売店などが何冊も面展示し、いっせいにチカチカさせて派手に75周年をアピールしていたようである。

表示の保持に優れた電子ペーパーであるが、常に表示を切り替えることで電池が消費されることになる。購入者は90日間だけ表示を楽しめるという。

Eインク社の電子ペーパーは、今のところ強力なライバルが不在なので出荷価格が高いと聞いている。TFT駆動ではないとはいえ、提供価格はどのくらいなのだろうか。その後、ニューヨークタイムズ電子版が『エスクァイア』誌の編集長にインタビューしている。電子インク版は通常3・99ドルのところ、6・99ドルの特別価格であるが、それでも表2の広告主であるフォードがかなり負担したようだ。

編集長は、表紙に電子ペーパーを用いた世界初の雑誌として「スミソニアン博物館に展示されることを希望している」という。

エスクァイア……1933年にシカゴで創刊。日本版は87年に創刊したが、09年5月発売号で休刊した。

TFT……薄膜で作られたトランジスタ。通常、アモルファス（非晶質）シリコン膜を用いるが、電子移動度の高いポリシリコン（多結晶シリコン）膜も用いることもある。

相次ぐ大型電子書籍端末

08年春から電子ペーパーを用いた読書端末製品の発表が続いている。特徴的なのは、キンドルなど今までの端末が6インチ画面であったのに対し、10インチの画面サイズとなっていることである。発表の先陣を切ったのは、中国で電子ペーパー製品を積極的に商品化しているJinke（津科電子有限公司）である。10型（9・7インチ）画面の翰林電子本（Hanlin）V9を発表し、サンプル出荷している。

さらに9月になってプラスチックロジック社が「プラスチック・ロジック・リーダー」を発表した。社名の通り軽量なプラスチックスクリーンやパネルを利用し、重さはキンドルと同等で厚さは3分の1であるという。ただ、薄型といっても同社が従来発表していた折りたためるタイプではなく板状の筐体に収まっている。

発表はその後だが、発売に先行したのはアイレックス（iRex）社である。従来の「イリアッド（iLiad）」シリーズとは別に、10・2インチの大型画面の「デジタルリーダー1000」を発表し、ただちに出荷を開始した。

このサイズであれば米国内で主流を占めているUSレターサイズ大の雑誌がそのまま表示できる。また、米国では大学教科書出版社が電子書籍ビジネスに期待しており、キンドルの次世代機も教科書対応が噂されている。

世界の新聞各社の電子新聞の発行を本格的に検討している。プラスチック・ロジック・リーダーも電子新聞リーダーと説明されており、同社も09年の製品化に向けて新聞各社と協議中である。来年に向けて国内外の新聞社の動向に注目である。

産業団体としての取り組み

話を日本に向けるが、ビジネス機械・情報システム産業協会（ＪＢＭＩＡ）の電子ペーパーコンソーシアム主催による、電子ペーパーシンポジウムが08年10月10日、日本科学未来館で開催された。同シンポジウムは毎年行われており、同年で5回目となる。

ＪＢＭＩＡは、複写機やレジスターなど電子事務機メーカーの業界団体である。ワープロ専用機は90年代前半まで同協会の柱となる製品であったが、Ｗｉｎｄｏｗｓ95の普及とともに瞬く間に市場から消滅した。ビジネス向けの工業製品を扱う以上、絶えず新しい技術に注目して市場開拓と業界の啓蒙に取り組む必要がある。

その点、電子ペーパーは複写機メーカーが開発に取り組んでいたこともあり、環境問題を追い風に市場拡大が期待されてきた。では、この5年間で電子ペーパーの市場が活性化されてきたかとなると、残念ながらいまだ商品点数も少なく低迷が続いている。

そこで、一般の関心を高め製品化のアイディアを募ろうと、コンソーシアムでは電子ペーパーを使用したアプリケーションアイディアのコンテストを07年から開催している。一般公募なだけに技術的実現性よりも革新的な（突拍子もない）アイディアが集まってくる。

今回、優秀賞は逃したものの事前審査で大受けしたのが、巨大な電子ペーパーパネルを宇宙空間にあげ、太陽光をコントロールしてエコ問題を解決しようというアイディアであった。提出された絵は地球を覆うサイズなのだから、ＳＦ映画と言うより「マンガ」である。ただ環境というキーワードが電子ペーパーと結びついていることがよくわかる。

応募作品の分類

コンソーシアムは、いくつかの研究グループを持つが、コンテストを企画するのがRG3(メディア論)である。小清水実グループ主査(富士ゼロックス)が、07年のアイディアコンテスト受賞作品を分析している。

応募内容は壁、床、屋根、窓などの建材や、衣類、めがねなどの身につける日用品など「環境系」に電子ペーパーを利用するアイディアが全体の半数近くを占めている。電子ペーパーといえば、誰でもが紙やパソコンの代替製品を考えるのだが、両者を合わせても環境系アイディアにわずかだが及ばない。触覚を合わせたアイディアもあった。また、紙の形状そのものや、曲げたり、薄さ、可搬性、読みやすさといった紙からの発想よりも、環境や日用品に埋め込む発想が半数近くを占めていた。この年の準大賞である電子ペーパースリッパがこの好例である。これは病院などで患者に行き先を指示してくれるアイディアが評価されたものである。

小清水氏は電子ペーパーがメディア化していく際には、視覚メディアから五感メディアへの変化、機能やスペックからストーリーやファンタジーへの変化、メディアの環境化から環境のメディア化への変化の3点を指摘している。

「読み」は、一般に考えられている以上に身体全体の行為である。英単語を覚えるためには手で書きながら声に出すと効果が高いことは誰もが知っている。紙は見るための表示装置ではなく、読むために五感に訴えてきたメディアなのだ。

また、紙は印刷用紙に限っても手に持ったり、書き込むことのため肌触りや筆記具との適性が求められてきた。さらにパッケージなどに利用する製品は、加工性や風合いなどの要素も求められる。コミュニケーション手段である電子メールは機能性だけなのに対し、紙の便せんには儀礼とファンシー性が求められている。もともと紙が実現しているメディア要素は多岐にわたっている。

一方で、液晶ディスプレイが（その名の通りの）表示を越えた利用としてはタッチスクリーンがあった程度である。ディスプレイ技術で電子ペーパーをとらえていると発想が貧弱になるようだ。

デジタル雑誌国際会議　進むデジタル対応と戦略的著作権

第1回アジア太平洋デジタル雑誌国際会議が国際雑誌連合（ＦＩＰＰ）と（社）日本雑誌協会（雑協）の主催で、08年11月13日、14日の2日間にわたり、虎ノ門のホテルニューオータニで開催された。参加費がひとり20万円と高額なこともあり、雑協加盟出版社向けに会場に近い文藝春秋西館をサテライト会場として、同時中継も行われた。集客が心配されたが、雑誌の危機感がむしろ追い風となって、サテライト会場を含めると１１３６人、海外からは１４４人の参加となった。

アジア地区では第1回のデジタル雑誌国際会議であるが、欧米においては08年3月にドイツのベルリンで第2回世界デジタル雑誌会議が開催されている。アジアを中心とした同会議についても、以前からＦＩＰＰが日本雑誌協会に開催を求めており、その準備も兼ねて日本から視察団が組まれていた。参加したメンバーは欧米での積極的な取り組みに刺激を受けて帰国した。

欧米の雑誌出版社

日本雑誌協会は講談社、小学館、集英社に始まる大手出版社が中心であり、事実上、雑協は大手出版社協会である。強力なマンガコンテンツを持つことからケータイコミックに取り組んでいる社も多く、既存の雑誌ブランドを生かしたデジタル雑誌なども試みている。

一方、欧米においては、雑誌を書籍と同じ出版物としてではなく、新聞とともにニュースメディアとして位置づけている。そのため雑誌出版社は新聞社も傘下に置くメディアコングロマリットに属する巨大企業が多い。経営規模も日本の比ではなく、当然デジタルメディアへの投資額も大きい。

日本では編集者が取り組むデジタル雑誌が多いが、欧米雑誌出版社にとってネットビジネスは経営判断によって行われる新規事業なのである。

日本も対応が本格化

欧米に後れを取ったが日本の雑誌出版社もデジタル化に本格対応している。今やデジタルビジネスへの参加に疑いを持つ者はなく、むしろ乗り遅れたら雑誌は生き残れない、という雰囲気すら会場には流れていた。その認識については欧米やアジア諸国と日本に違いはないし、報告者と参加者の間でも共有されていたと思う。

一方で、日本と欧米ではデジタル雑誌における戦略の違いも明らかになった。デジタルビジネスでは、ユーザーの要望をいち早く反映することができる。そこで欧米のメディア企業では、マーケットイン（顧客志向）に徹してサービスの向上を図っている。アジアも追随しており、韓国出版社ではデジタル文化に精通した人材を採用してデジタルビジネスに取り組んでおり、従来の印刷メディアの延長ではとらえていないという。

一方、日本では、デジタルコンテンツにも雑誌編集者のこだわりを反映させている。講談社では人気女性ファッション雑誌である『ＶｉＶｉ』ブランドを使ってネット通販を行っている。その際、カタログ通販と差異化を図るため、あくまで編集者がセレクトした雑誌掲載の商品しか販売していない。プロダクトアウト（作り手発想）の取り組みによって、ブランドを維持しようとしている。

出版活動は歴史的な成立の違いもあって、各国で商習慣も異なり独自の手法が存在する。しかしデジタル雑誌ビジネスで問われているのは各国出版文化の違いではなく、伝統的出版とデジタル文化の違いである。

デジタルコンテンツを国際市場でとらえ直した場合、戦略ミスは致命的とも言える。早急な結論は出せないが、今後の検討材料としたいところだ。

戦略としての著作権

一方で、著作権問題は幅広く奥深い。時間に限りのあるパネルディスカッションなどで「デジタル時代の著作権」を正面から取り上げれば議論は拡散しかねない。そこでデジタル雑誌国際会議での討議では、冒頭にあたり３つの視点で議論を限定した。

１つはデジタル化である。長年、印刷技術と紙の物流によって成立してきた雑誌メディアが、デジタル雑誌というコンテンツに変化しつつある。紙というパッケージの中で安定的に流通してきた著作権契約がデジタル時代にどのような変更を迫られているのか、あるいは暗黙に行われていた商慣習で顕在化した問題はないだろうか。

2つ目は国際化である。各国の著作権法はベルヌ条約により国際的協調が図られているものの、法は国内状況に依拠して制定されている。その及ぶ範囲も当然国内限定である。一方、インターネット世界に国境はなく、著作物は世界中を流通し取引されている。デジタルコンテンツの国際化とはインターナショナル(国家間)ではなく、グローバル(世界的規模)なのだ。世界市場のデジタル雑誌では、各国法の差異や商習慣を越えて契約する必要がある。

3つ目が著作権をビジネスに役立てる視点である。現在、デジタル時代に著作権はどうあるべきか、法改正論議について様々な意見が交わされている。なかでも制限規定の見直しやフェアユースの導入、保護期間の延長など議論はつきない。しかし、この会議は法改正を議論する場ではない。現状の法制度の下で、どのようにビジネスを行うか検討する場である。

著作権セッションの報告

初日のセッションの1つである「デジタル時代の著作権」の司会を担当した。発表者は米国メルディス社ジョン・ツィーザー法律顧問と、台北で遠流出版社を一代で築いた王榮文会長、そしてかつて新潮社の電子出版を担当し、現在は弁護士としても活躍する村瀬拓男氏である。

はじめに村瀬氏は、デジタル雑誌の著作権について課題整理をした。1つは時間

ベルヌ条約……1886年に作成された著作権に関する国際条約「文学的及び美術的著作物の保護に関するベルヌ条約」のこと。「ベルヌ」は条約が作成されたスイスのベルンのフランス語読みである。創作された段階で、登録することなく権利が派生する「無方式主義」をとる。また、条約の加盟国の国民は、他の加盟国において、その国民と同等の権利保護となる「内国民待遇」を受ける。

軸の変更である。月刊誌や週刊誌であれば次号が刊行されるまでの著作権使用契約である。カメラマンもライターもその範囲であれば契約書を結ぶ必要を感じていなかった。ところが、権利者が提供したコンテンツをデジタル化すれば、週や月という単位に関わることなく流通販売されることになる。時間軸が半永久的になるわけで、権利者はおいそれと契約を結ぶことはできない。

もう1つは、雑誌に掲載された写真や文章は、その号のために作られたコンテンツだった、という点である。ところが、写真をデータベースに保存しておけば、素材として再利用可能となった。そこで新たな契約モデルを示す必要があるとした。

ツィーザー氏はデジタル事業の中で著作権管理として注意すべき点を取り上げた。そして成功する著作権管理へのステップとして、戦略目標の決定、契約の標準化、契約管理の中央集権化、法令順守の確保の4点を指摘した。写真に関してメルディス社では、一度の使用料で何度でも再利用できる契約を結んでいるという。

また、王会長は『サイエンティフィック・アメリカン（ＳＡ）』誌の中国語版のデジタル雑誌化に取り組んだ事例を紹介しながら、ＳＡ誌と遠流出版社双方にとって実のある関係となったライセンス戦略について発表した。

著作権はビジネスのアクセル

デジタルビジネスを推進する際に「著作権が問題である」という発言を多く耳にするが、本当に現行著作権法はビジネスの阻害要因となっているのか。パネルディスカッションでは、著作権をビジネスの有効手段として討議することができたと思う。まとめとして、著作権をブレーキにせずアクセルにしようと呼びかけた。

デジタル雑誌とは何か　印刷雑誌の延命策か？

出版不況、とくに雑誌の苦境が指摘される中でデジタル雑誌への取り組みが本格化した。アジア太平洋デジタル雑誌国際会議が盛会となったことは、前項で報告した通りである。なにしろ会議の最大の成果は「出版経営者たちのお尻に火をつけた」と言われるほどである。

会議終了後、主催者の日本雑誌協会では、「デジタル対策委員会」を常設するとしたが、「デジタル雑誌戦略委員会」として正式に発足した。名称変更からも積極的な姿勢の変化がうかがえる。

印刷雑誌の延命策か？

戦後における雑誌を振り返ってみると、社会変化と印刷技術の進歩を背景に誌面において大型化、カラー化、ビジュアル化を図り、刊行期間の短縮やセグメント化によって読者の要求に対応してきた。これは広告モデルの確立、情報をいち早く届ける時代性、コミュニティの形成につながり、雑誌メディアを特徴付けている。

社会的ニーズと印刷技術を雑誌の成立基盤とするならば、情報化社会の到来は、この基盤に劇的な変化をもたらした。フロー情報の提供やコミュニティの形成力においては、デジタルメディアの方が優位であろう。

デジタル雑誌は印刷（紙）雑誌と基盤を異にする新たなメディアなのだ。今はその成立に向けた助走期間であり、失速すれば巨大なデジタル潮流に呑み込まれかねない。

デジタル雑誌とは何か

09年1月27日に日本出版学会デジタル出版研究部会では、デジタル雑誌をテーマに第1回の部会を開催した。企画意図は、デジタル雑誌に対するビジネスとしての興味から一旦離れ、純粋にデジタル雑誌の特性に注目することである。印刷雑誌とデジタル雑誌の連続性・不連続性を検討し、両者のメディア特性について討議したいと考えた。報告者は国際会議の準備と運営にも関わった梶原治樹氏（扶桑社）であり、演題は「デジタル雑誌の現状分析と課題」である。

デジタル雑誌を考えることは、結果として雑誌とは何か、を考え直すことになる。そこで梶原氏はデジタル雑誌の定義と分類を明らかにするために、「雑誌連動Ｗｅｂサイト」と「デジタル雑誌」の違いを比較した。その上でデジタル雑誌とは「デジタルメディア上で雑誌に模したページ構成を行い、コンテンツ表現を行っている媒体のこと」と定義した。

次に、出版界におけるデジタル雑誌の取り組みを豊富な事例をあげて解説した。ビジネスモデルとしては「有料か無料か」という側面と「オリジナル記事か雑誌記事の二次利用か」という側面から4パターンに分けている。

無料の二次利用としては、デジタル雑誌を特徴付けた「ページめくり表現」がある。これはＷｅｂの立ち読みから広がっている。

有料の二次利用としては、Ｚｉｎｉｏ（米国）に代表される雑誌一冊の丸ごと販売がある。日本では富士山デジタルが同様のサービスを開始して2年になる。Ｚｉｎｉｏが世界で「定着」していながら日本で盛り上がらない理由の1つとして、Ｚｉｎｉｏの市場は世界規模で、もともと雑誌物流の限界がある一方、日本は狭い国土で隅々まで流通が整備されていることがある。また権利処理が解決されていてラインナップが豊富であり、さらに割安感が演出されている点が指摘された。

次に出版社によるデジタル雑誌の取り組み事例や「Ｗｅｂマガジン配信サービスコンソーシアム」などを検討した。梶原氏は、現時点においては「デジタル化した雑誌」は読みにくく、一般に普及するのは難しい、とした上でデバイス（機器）の進化によって状況は大きく変わると予測した。

グーグルブック検索と米国集団訴訟和解の影響

グーグルの書籍全文検索サービスが波紋を呼んでいる。事の起こりは、04年に米国グーグルがスタンフォードやハーバードなどの大学図書館や公立図書館の蔵書をスキャンし、書籍検索や抜粋表示を開始したことにある。このプロジェクト発表から間をおかず、米国の作家組合と主要出版社5社が著作権侵害訴訟を起こしている。

これに対しグーグルは米国著作権法のフェアユース（公正使用）に当たり、許さ

Ｚｉｎｉｏ……ＰＤＦ形式を主体としたオンラインによる雑誌のデジタル販売サービス。２０１０年にはｉＰａｄ向けアプリケーションを発表した。

れると主張した。

和解は全世界の書籍が対象

両者は08年秋に和解合意に達した。驚いたことに米国内での訴訟にもかかわらず、日本の著作権者へも和解案が影響するという。日本にはない制度なのだが、この訴訟が「集団訴訟」と認定されたからだ。集団訴訟は利害関係者全員を代表する訴訟とみなすことになる。公害や薬害訴訟では、被害者が全員で訴えることが困難なことから、全員の救済策として想定された規定という。そこで米国内で流通する書籍の著作権者であれば、誰でも効力が及ぶことになったのだ。

すでにデータ化された書籍総数で700万冊以上というが、その中には日本語書籍もかなり多く含まれている。出版社によっては検索対象書籍として数百点が含まれていると聞く。これは米国の大学図書館では日本語学習や日本研究のために文芸作品や学術書などが蔵書されているからである。

「本和解は貴殿の権利に影響することがあります」と冒頭に書かれた米国南ニューヨーク地区連邦地方裁判所の通知書が、日本複写権センターを通じて権利者団体に届けられた。作家や出版社では一様に困惑し、次に驚きと反発がわき起こった。さらに09年2月24日付けの全国紙に告知広告が掲載され話題が一般にも広がった。

和解内容

一般に和解と聞けば、著作権者にとってメリットがあり悪い話ではなさそうである。和解内容によるとグーグルは書籍検索サービスで生じる広告費などの売上63％を著作権者に支払うことになる。また、1億2500万ドルの和解金を拠出し、この中から使用料を管理する権利団体を設立するために3450万ドルを拠出する。さらに無許諾でデジタル化した書籍の解決金として4500万ドル以上を拠出し、1点につき60ドル以上を権利者に支払うことになる。

一方、グーグルの得る権利は、

1、書籍全文閲覧、コピーペースト、プリントなどのアクセス権の販売
2、公共図書館や教育機関による無償アクセス
3、書籍の最大20%までの無償プレビューサービス
4、プレビューページへの広告表示

などである。

グーグルの和解トリック

この和解案が問題なのは、グーグルのデータベースから書籍データの削除を求めるにも、和解に参加しなければならない点にある。もちろん和解に対し異議申し立ても可能だが、訴訟費用を考えれば非現実的だろう。

何もしなければ自動的に和解参加となるが、解決金を受け取るには、グーグルのデータベースを確認して請求通知を出す必要がある。出版社にとってみれば、わずかな解決金を得るために、著者に対し許諾連絡や契約に応じた支払いをしなければならない。おそらく大半の出版社や著作権者は、和解に自動的に参加し、解決金の通知をしないことになるだろう。

グーグルは本来、被害者救済のためである集団訴訟を逆手にとって、世界中の著作権者と一気に合意することができるのだ。権利者にしてみれば気づかないうちに契約にサインしたようなもので

ある。トリッキーと呼びたくなるグーグル戦略である。かつて、新潮社で電子出版を担当していた村瀬拓男弁護士と立ち話をした際に、氏は「アメリカ人も驚いていると思いますよ」と話されていた。

黒船は来襲か来航か　出版デジタル開国！

前回報告したグーグルブック検索訴訟和解問題が混迷を深めている。この原稿を書いた時点（09年5月20日）では、和解案から離脱すること（オプトアウト）ができる期日の5月5日を過ぎており、最初の山場を越えることになる。

和解に対し異議申し立てした例としてはフランスの出版協会がある。すでにグーグルブック検索を著作権侵害だとして06年に訴訟を起こし、現在係争中である。当然、今回の和解案に対しても、著作権の理念に反するという声明を発表している。ドイツでも同様の動きがある。

一方、日本の出版社は概して諦めムードである。結局、和解には自動的に参加する形になるが、解決金の通知をしない出版社が多くなることだろう。

グーグル和解のはらむ問題

和解案における問題点の1つとして著作権者が申告しなければ和解に応じたことにする「オプトアウト」方式の採用にある。書籍データの削除を求めるためには和解に応じなければならない。つまり削除請求することで初めて著作権が保護されることになる。

本来、著作権者は利用を許諾する強い権利を持つのだが、申告しなければ著作権が守られないのでは事実上の請求権である。著作者の許諾権を設定したベルヌ条約の精神に反する行為である。

オプトアウト方式が普及しているのはインターネット利用の契約では数百万人の権利者から許諾を求める必要があるからだ。オプトアウト方式の例として、迷惑メール防止法がある。当初、メール先が拒否したら送らない（オプトアウト）ことにしていたが、その後、メールを欲しい人が申し込む（オプトイン）方式に切り替えている。またグーグルストリートビューでは、ネット上に自宅や個人が特定される写真が掲載されていた場合、当人から画像を削除要求しなければ掲載したままにしている。今回の和解案がきっかけで、さらに広まるだろう。

ネットの波から相次ぐ黒船

このグーグル和解と前後して、携帯オーディオプレーヤーに対する私的録音録画補償金制度の導入について議論が続いている。また動画投稿共有サイトのＹｏｕＴｕｂｅにしても、著作権侵害が指摘されている。確かにｉＴｕｎｅｓの登場によって音楽のネット流通ビジネスが確立したことは間違いない。またＹｏｕＴｕｂｅを宣伝メディアとしてとらえた積極的な利用も増加している。両者が著作権侵害についてはグレーな部分を残しながら、コンテンツビジネスを拡大してきたことも、また事実である。

ストリートビュー
……グーグルが提供している地図検索サービスの一機能。地図上の地点をクリックすると、その地点を撮影した風景画像を視聴できる。アメリカで07年6月から、日本では08年8月からサービスを始めた。

iTunesやYouTubeがたびたび「黒船」に例えられるのは、旧来のビジネスモデルを変革するだけでなく、著作権法の改正をも迫っているからである。旧来の保守的な市場を奪うものであれば「来襲」ととらえられ、逆に新しい企業の成長を促すものとなれば、近代社会誕生の端緒となった「来航」と呼ばれるだろう。

これまでの日本の出版産業は、いわば鎖国制度の中で海外資本の直接的参入を拒んできた。海外出版物は語学や学術出版などの限定的な市場にとどまっている。海外資本出版社の活動は日本の出版社との共同出資が主であり、作家との契約も販売取引も日本の商習慣に従ってきた。

ネット時代となって最初に開国を迫ったのはアマゾンである。日本上陸を検討する段階では、出版社との直接取引や値引き販売など米国の商慣習を直接持ち込もうとした。これは再販制度と委託販売の強固な壁によって阻まれたが、着実に読者をつかみ、書籍の購入行動を変革し、今では日本最大規模の書店に成長した。

そしてグーグルである。グーグルによるデジタル情報流通の独占には懸念を抱くが、版権管理団体によって、違法コピーの抑制も期待できる。グーグルが迫るデジタル開国は日本の出版界にどのような変革をもたらすだろうか。

グーグル和解問題と日本出版界の課題

グーグル和解問題について、もう一度取り上げておこう。この2ヵ月間で、いくつかの重大な変化と確認が行われた。1つは、当初、和解からの離脱（オプトアウト）期限として設定されていた5月5日が直前になって9月4日に延期されたことである。当初のスケジュールでは、出版社が著作権者に対して正確な通知を行い、検討を経て決定するには、あまりに時間が足りなかった。この認識は、日本だけでなく米国も含む世界各国で共通だったのだろう。

もう1つは、09年5月25日から3日間にわたり、米国訴訟原告の弁護団側が来日し、日本書籍出版協会、日本文藝家協会、文化庁著作権課などを訪問し、今回の和解案について説明を行ったことである。日本ペンクラブの代表の1人として、僕も27日の会談に参加することができた。

米国側は全米作家協会法律顧問のマイケル・ボニ弁護士、事務局長のポール・アイケン氏、全米出版社協会法律顧問のジェフリー・カナード弁護士の3人に通訳が出席した。

なぜ和解したのか

ペンクラブとの会談は、日本での説明会としては3日目であった。書協（日本書籍出版協会）などでの質疑応答の経験を踏まえて、日本向けにポイントを絞っての解説となった。まず、和解した理由として「交渉は難しく複雑であり、敗訴の可能性もあった」と述べていた。「著作権法の専門家は、グーグルの計画はフェアユースの範囲に収まるという説を主張しており、この数年間、検索エンジンでの著作物利用がフェアユースで認められる判例が続いていた」という。

フェアユースを認める判例が出れば、グーグル以外の企業も次々と参入してくるだろう。勝った場合に得るものよりも負けた場合に失うもののほうが大きかったというのである。

「絶版」の定義が明確に

日本の出版社にとって、会談の一番の成果は「絶版」の定義が明確になったことだ。和解案では、市販中か市販中止か、あるいは刊行中か絶版かの判断はグーグルが行うとされ、市販中とは「米国内の伝統的販売経路で入手可能であることを要する」とあった。日本の書籍が米国内の書店に並ぶことはまずない。このままでは絶版扱いとなり、グーグルは「表示利用」として、スキャンした本の中身をオンラインで読ませることができる、とされていた。

当然のことながら、日本の出版社にとって最大の関心事であり、当初からグーグルに対し具体的な説明を求めてきた。弁護団は会談の中で、絶版の取り扱いには各国で物議があったことを明かし、「日本で商業的に刊行されており、米国で購入することができれば〝市販中〟とみなされる。グーグルは書協や日外アソシエーツのデータベースに収録されているかどうか、さらにアマゾンや紀伊國屋書店など複数のオンライン書店を検索して米国民が入手可能な状態になっているかどうかで判断する」と明言した。

出版社の間では、ホッとする空気が流れ、問題が少し収束する気配となっている。

日本の出版社の権利と立場

グーグルによる収益の分配先は、まず出版社であるとされ、出版社と著者間での再配分は両者の契約によることになる。しかし、日本の出版社が、このような利益分配契約をしていることは、まずない。そもそも日本の書籍出版社は、法によって保証された「著作権利者」ではない。一方、米国の商習慣では、書籍の市販中に限り著者から出版社に著作権の「信託的譲渡」が行われている。

今後、日本においても出版商習慣で認められている権利を、契約によって明確にすることが求められるだろう。

デジタルアーカイブと日本版グーグル検索

日本ペンクラブと日本出版学会は09年7月27日に「日本版デジタルアーカイブを構想する――公共基盤・民間運営・著作表現の自由の観点から」と題した合同シンポジウムを開催した。これは6月30日に開催された第1回合同シンポジウム「グーグルブック検索和解協定を検証する」の成果を踏まえ、第2回として日本におけるデジタルアーカイブやコンテンツインフラのあり方について討議したものである。

当日は、ときおり強く降る雨で集客が心配されたが、ふたを開ければ200人を超える参加者となった。蒸し暑さと熱気と照明で、司会していて汗だくになったが、企画者として手応えもあり、このテーマに対する関心の高さを再認識した。

日本ペンクラブ……1935年に国際ペンの日本センターとして設立。言論、表現、出版の自由の擁護と文化の国際交流増進に賛同するP（詩人、俳人、劇作家）、E（エッセイスト、エディター）、N（作家）による団体。

国会図書館に127億円

米国でのグーグルブック検索訴訟の和解案は、ことの是非とは別に、図書のデジタルアーカイブの重要性と構築することの必要性を提起した。日本でも、出版社による電子出版や、紀伊國屋書店による「ネットライブラリー」、小学館系ネットアドバンスによる「ジャパンナレッジ」など、デジタルアーカイブプロジェクトがスローテンポながら開発されてきた。

しかし、ここにきて知財推進を追い風とした著作権法改正に加え、補正予算により国会図書館のデジタル化計画が一気に進むことになった。明らかにグーグルによる一連の活動が影響を及ぼしている。

2010年1月1日から施行される改正著作権法により「インターネット等を活用した著作物利用の円滑化を図るための措置」として、「国立国会図書館における所蔵資料の電子化」が著作権者に許諾をとることなく可能となった。国会図書館では、従来から明治・大正期の図書14万8000冊をデジタル化し「近代デジタルライブラリー」として公開してきた。著作権者を追跡するなどに、約2億円を要したという。この手続きが不要になるのである。

この法的整備を背景に、前年の100倍規模となる約127億円が補正予算に計上された。これにより1968年までの図書、博士論文、古典籍、官報など約92万冊の蔵書のデジタル化を手がけることになる。これが景気対策予算の1つだと聞く

ネットライブラリー
……78ページ参照。

ジャパンナレッジ
……有料会員制のインターネット百科事典。小学館グループを中心に国内外の出版各社の事典・辞書コンテンツをデジタルデータとして提供する。

と、いささか首を傾げたくなるが、いずれにせよ、民間に図書のデジタル化作業が業務委託されることとは別に、アーカイブを元にした需要が喚起されていかねばならない。

デジタル雑誌の取り組みにも予算

国会図書館の127億円と比較すると100分の1程度にすぎないが、デジタル雑誌の整備事業にも国家予算がつくことになった。総務省が募集した「ICT利活用ルール整備促進事業（サイバー特区）」の実施テーマに日本雑誌協会が応募し、このほど「雑誌コンテンツのデジタル配信プラットフォーム整備・促進事業」として採用されたからである。今後2年間の実証実験で、デジタル雑誌のビジネスモデルの確立を目指すという。

従来、取り組んできたような出版社単位、個別雑誌単位でのビジネス展開では勝算が見えない。そこで出版社横断的な雑誌記事アーカイブを構築し、新たな価値創出を目指そうというのである。検証すべきテーマは既存雑誌コンテンツの使用許諾ルール、コンテンツ作成の手順やファイル形式、さらにビジネスにしていくためのサイト運営や専用端末機の開発など多岐にわたっている。そこでは書籍の本文をスキャニングするといった単純な作業ではない取り組みが求められている。

過去の雑誌記事の横断的な検索や表示が可能になれば、書籍アーカイブ以上の魅力が期待できる。コンテンツ管理に関与せず、インフラの研究に投資するという、とても有効な国家投資ではないだろうか。次は国会図書館のアーカイブを民間としてどのように利用するか。早急な取り組みが求められる。

ジャパンブックサーチの未来予測と懸念

デジタル出版分野がめまぐるしく動き始めている。きっかけはグーグルブック検索和解問題である。波及した1つが前項の「国会図書館のデジタルアーカイブ」である。その後、世間がお盆休みをとっている間に、出版業界に押し寄せた波はさらに大きくなってきた。もはや余波というレベルではなく、業界全体を呑みこむ大津波である。

長尾構想の実現

前項の最後で「国会図書館のアーカイブを民間としてどのように利用するか。早急な取り組みが求められる」と書いた。その解の1つが松田政行弁護士のモデルである。松田弁護士は著作権法務に詳しく、文化審議会著作権分科会委員を長く勤めている。

松田氏は長尾真国立国会図書館長の私案である有料配信サービスを実現するために、国立国会図書館と権利者団体である日本書籍出版協会、日本文藝家協会に対し、モデルプランを提案した。文藝家協会は三田誠広副理事長が中心になって動き、積極的な行動を起こすことになる。前述の7月27日のシンポジウム（244ページ参照）では三田氏から「国会図書館とは水面下で交渉中」という発言となって飛び出している。

この4者の協議が「国会図書館の本——有料ネット配信」と題し、09年8月6日付の日本経済新聞朝刊に掲載された。記事はデジタル化資料の有料配信サービスを国立国会図書館が開始し、それに日本書籍出版協会や日本文藝家協会が共同事業として参加するという内容で、法人化など具体的なスケジュールまで記載されていた。松田氏、国会図書館、書協は、それぞれ誤報であると日経に抗議した。

ただ、その抗議内容ではスケジュールなどは否定したものの、協議していることは大方で認めている。さらに国会図書館は「当館は、デジタル化した資料及び将来電子的に納本される書籍等を、著作権者及び出版社の利益に配慮しつつ、国内のどこからでもアクセスできるような仕組みを模索しております。その仕組みの要点は、公共的な団体に当館のデジタル資料を無償で提供し、当該団体が公衆に有料で配信して、その料金のうちから権利者等に還元するというものです」と踏み込んだ解説をしている。

続報は、朝日新聞が「国会図書館の本――ネット公開構想」として、09年8月25日付夕刊で報道した。夕刊とはいえ1面報道だったことにいささか驚かされたが、これによって関係者間の「構想」が事実扱いとなったと言えよう。

さらに国立国会図書館の蔵書を地方の図書館でも閲覧できるようにする実験が、9月から始まることが報道された(アサヒ・コム、09年8月29日付)。文藝家協会や書協は、有料配信サービスについて前向きであるが、無料配信については閲覧場所が図書館内に限るとはいえ断固反対である。この実験が本格導入すれば、国会図書館に1冊あればほかの図書館は購入しなくてもよいことになる。専門書や学術出版物は図書館の購入で成り立っているところもある。「出版文化が崩壊しかねない」という三田誠広氏のセリフは決して大げさではない。

何年後かに出版界を振り返ってみると、グーグルブック検索和解をもって、それ以前とそれ以降に分けられるだろう。音楽業界におけるナップスターの役割を果たすのだと、数ヵ月前までに予言めいたことを言っていたが、もはや誰でもが認める事実にすぎない。

米国の震源地をみると、震源地はグーグルだけでなく、アマゾンやソニーであり、地震の巣がサンノゼ周辺にある。米国内での熾烈な競争が、地殻変動を引き起こし、津波となって日本に及んでいる。長く日本の出版界は言語や出版流通システムの違いにより何重にも守られてきたのだが、今度の大津波はその壁をやすやすと越えた規模となっている。

不透明な国会図書館のデジタル化

また、国会図書館の長尾構想を元にした「ジャパンブックサーチ」が現実化してきた。文藝家協会とともに書協も協議に参加することになった。

だが、この構想をコンテンツビジネスの基盤事業として実現していくためには、いくつもの課題を解決しなければならない。そもそも国会図書館の資料デジタル化は、自公政権時代に決まった景気対策補正予算事業である。盛んに報道されているように、政権交代で事業の見直しや景気対策補正予算の執行停止が始まっている。文化関連予算では「アニメの殿堂」などと評された国立メディア芸術総合センターの中止が決まったばかりだ。09年9月17日に開催された「国立国会図書館の資料デジタル化に関する説明会」でも、前述した127億円について執行できるかどうか、先行き不透明という説明であった。

ナップスター……月額制を採用した音楽配信サービス。03年から始まった。日本では06年からPC向けに展開したが、2010年5月に日本でのサービスは終了した。

予定通り執行されたとしても国会図書館のデジタルアーカイブを民間事業に利用することの説明が求められる。またコンソーシアムを設立するにしても、かなり多額の運営予算やスタッフが必要だろう。関係者団体の基本合意が形成された上で、すぐにでも関係省庁による予算化が必須である。

少し前の段階では、来年度事業に向けた予算折衝が行われているのだろうと思っていたのだが、事はもっと早く進んでいるようだ。コンソーシアムのために国家予算を導入する手法としては、最近ではデジタル雑誌の実証実験がある。総務省サイバー特区による実証実験の推進母体となる「雑誌コンテンツデジタル推進コンソーシアム」が日本雑誌協会のデジタルコンテンツ推進委員会の管理で設立された。

このようなインターネットを利用した情報流通基盤については総務省の管轄となるが、出版はもともと文化庁の管轄である。ただし、今回はデジタルコンテンツビジネスのスキーム（枠組み）を描くことから経済産業省が中心となって予算化している。すでに3省庁の間で連携をとって準備を始めているようだ。また文藝家協会ではコンソーシアム設立に向けた声明文を準備している。国会図書館や書協も同時か相前後して賛同の意思表明をすることになるだろう。

出版界の懸念

すでに外堀を埋められた格好であるが、必ずしも出版界は諸手を挙げて賛成というわけではない。デジタルアーカイブを構築することで、既存の出版産業が衰退してしまっては元も子もない。出版不況ということもあり、むしろ出版界では、デジタルアーカイブ事業に対して警戒感が強まっているといえるだろう。

公共図書館が無料貸本屋化しているという批判は、出版界から繰り返し指摘されてきている。その上、国民サービスの点から、インターネットでも図書館の蔵書が無料で読めるようにする、といった意見が官民から飛び出しかねない。本はタダで読むという風潮が広まることが懸念されるのだ。

デジタルアーカイブは、国立国会図書館をはじめとした図書館の公共性、利便性を確立し、全国で学術文化の発展に寄与できる情報流通基盤となる必要がある。またIT化による利便性の向上は、ともすれば健常者中心となりがちである。常に障害者の読書環境に配慮することが求められる。

どういうことがあってもデジタルコンテンツの配信業務が著作者の創作意欲を低下させたり、出版者による出版物発行を抑制することにつながってはいけない。また、すでに始まっているネットライブラリーやジャパンナレッジのような電子配信事業にとっても有益な体制となることが望まれる。

書協としては、出版者の経済的利益の基盤を確保するために、前提となる出版者の権利の法的裏付け確立が必須と考えている。協議のテーブルに着くことで意見を主張しようという考えのようだ。

雑誌コンテンツデジタル推進コンソーシアム……日本雑誌協会所属の出版社やITベンダーなど35社が09年8月に設立。雑誌コンテンツを配信するポータルサイトや著作権処理ルールなどを検討しながら、2011年度の事業化を目指して規定などを検討するとともに、専用デバイスの研究も行うとしている。

「キンドル国際版」発売　まずは新聞読書の変化か

米国アマゾン・コムは、09年10月7日に世界100ヵ国以上で電子読書端末「キンドル」の販売とサービス開始を発表した。今までのアマゾンの新サービスがそうであったように、発表と同時に受注を開始している。

07年11月に米国で発売を始めたキンドルは、先行するソニーリーダーとともに市場を開拓してきた。電子ペーパー搭載端末の出荷台数について正式な調査発表はないが、関係者によると08年までで累計100万台であり、09年は推定で300万台と言われている。

このような急成長から電子読書端末は、かつて日本で惨敗したものの、米国では「成功した」と表現されることが多い。

国際版発売の理由

もっとも今度の世界市場での販売について、キンドルの好調とみるには疑問が残る。出荷するのは09年の2月に発売された第2世代機である。9・7インチディスプレイでPDFリーダーを標準で備えた6月発売の「キンドルDX」ではない。キンドルの在庫調整としての販売という見方もできる。また、販売はアマゾンの米国サイトのみであり、購入者は、あくまでも米国で買ったことになる。これは日本にいながら電気製品を「正規」に個人輸入するケースではないか。

版権ビジネスについては、国やEUなどの領域ごとに販売規制がある。ハリー・ポッターシリーズのように英国で出版された書籍は、同じ英語圏の米国では輸入販売されずに米国の出版社の手によって出版されている。逆もまた同様である。日本からアジアに輸出した音楽レコードの逆輸入が禁止されているのも、この例である。アマゾン米国サイトでのみの販売は、このような規制に対して回避手段と取れなくもない。

キンドル成功（？）の理由

　コンテンツの充実と一般書籍に対する割安感がキンドルの成功理由として、よく指摘されている。ソニーリーダーは発売時点で1万冊（リブリエの時の約5倍）のコンテンツだったが、アマゾンはキンドル発売と同時に9万冊のコンテンツを用意した。また、価格は書店で通常25ドル程度の新刊ベストセラーが60％前後安い約10ドルである。『ニューヨークタイムズ』のベストセラーリストの9割を常に確保している。コンテンツの購入方法もいたって簡単である。携帯電話通信網を利用して書籍、雑誌、新聞の配信を受けることで、利用者はいつでもどこでも購入できるのだ。

　日本国内でも同様のサービスを実現し、米国で配信している英語の書籍35万冊のうち、当面29万冊を配信するという。キンドルの価格は、米国内販売より20ドル高い279ドルで、書籍の価格は2ドル高い11・9ドルである。海外への物流経費や無線通信のローミング経費をアマゾンが負担するための価格設定と思われる。

さっそく購入してみる

　僕の回りでも国際版を購入した者が僕を含めて6人いた。当然といえば当然だが、電子出版に興味を持って関わってきた人ばかりである。日本からキンドルの注文が

キンドル第2世代機……左写真。

多いとしたら「業界特需」といったところだろうか。お互いに持ち寄っては、何を購入したとか、どのキンドルブログが面白いかといった情報交換になる。

所有して印象的だったことは書籍よりも新聞購読である。書籍と違って新聞の扱うテーマは、各紙で大きな違いはない。1つのディスプレイ上で各紙の記事が混載されると記事の比較も容易になる。朝日、読売、日経3紙が合同で始めた各紙のニュース比較Webサイトに「あらたにす」があるが、キンドルは各紙にとって好むと好まざるとに関わらず、事実上のニュース比較サイトとなっている。

知人の新聞記者が、「ブランド名がどんどん背景に消えていき、各紙の境が希薄になった」と予想以上の衝撃を語っていた。

グーグルブック和解修正案　変化の激しかった2009年

09年の出版界は、デジタル化の大津波が次々と押し寄せた年だった。ここで取り上げた話題を振り返ってみても、デジタル雑誌に始まり、グーグルブック訴訟の和解問題、さらにグーグルブック検索に触発されて国立国会図書館のデジタルアーカイブが注目され、長尾真館長の構想が実現に向かっている。おまけがアマゾンキンドル国際版の発売となる。どれ1つとっても強い衝撃と大きな影響を出版界に及ぼしている。

和解修正案までの道のり

グーグルブック訴訟の和解については前項（242ページ参照）で取り上げたままとなっていた。これについては09年11月13日に和解修正案が提案されたことで一定の決着がつきつつある。そこに至るまで、めまぐるしいまでの日程変更が行われている。動向をまず振り返っておこう。

和解案が明らかになるにつれて、米国内のみならず世界中から異議申し立てが始まった。米国内では和解案に反対するためにマイクロソフトやヤフー、アマゾンなどのIT企業に加え、米作家・ジャーナリスト協会、ニューヨーク図書館協会、米専門図書館協会などが参加して、「オープンブックアライアンス」が結成された。同アライアンスは「電子書籍が単一の企業と少数の出版社によって握られる」として反対表明をした。

日本からは日本ペンクラブが、異議申し立てと公聴会における意見表明を希望した。ペンクラブは権利者団体ではないことから、会員の有志による表明とし、会員の1人として僕も名を連ねた。また、出版流通対策協議会も和解案離脱を表明した。

当初09年5月5日に予定されていた異議申し立て期限は、検討時間が短すぎるというニューヨーク連邦地裁の判断で9月4日に延長された。連邦地裁宛の最終的な提出文書総数は611通で、全米図書館協会の内容分析によると、異義申し立ての多くは海外からであり、少数の賛意はすべて米国国内であった。

和解案の成立を審理する連邦地裁の最終公正公聴会も異議申し立て期間の延期を受けて、6月11日からいったん10月7日に変更された。この間、米国司法省は「著作権法や反トラスト法に抵触する懸念がある」として、見直しを勧告する意見書を9月18日に連邦地裁に提出した。おそらく、この意見書がかなりの影響力を発揮したのだろう。10月7日にいったん予定されていた公正公聴会は、さらに延期となった上で、同7日に原告と被告による協議が連邦地裁で開催された。そこで同地裁は和解修正案の提出を11月9日までに求めたのである。

フランスやドイツ政府からは和解案に対して正式な意見表明が連邦地裁に行われており、なんとか日本からも意見表明を出せるように日本ペンクラブとして外務省などに働きかけを行った。その甲斐もあってか、和解修正案までになんとか間に合わせるように、文化庁が在米日本国大使館から外交ルートを通じて米国政府に対し「日本の著作権者にも影響を与えることから注目している」という考えを伝達した。

「黒船」が去っていく

結果的に修正和解案の提出は原告・被告の要求により延期され11月13日に受理された。この修正和解案は19日に連邦地裁によって仮承認され、最終承認のための審問は2010年2月18日に設定された。

その内容には、電子化する書籍を米国と英国、オーストラリア、カナダの4ヵ国で出版された作品に限定すること、などが盛り込まれている。これで、ほぼ日本への影響はなくなったと言えよう。沖合に見えた黒船が驚かすだけ驚かして、突然、Uターンして帰ってしまったようなものである。

書協の理事として、また書協知的財産委員会幹事として、さらに日本ペンクラブ言論表現委員会のメンバーとして、毎週のように何らかの協議をしてきた。忙しかった1年の終わりである。

グーグル和解後の対応　検索依存症の時代

日本ペンクラブと日本出版学会は共同で、09年12月18日に東京電機大学で緊急合同シンポジウム「グーグル・ブック検索訴訟　新和解案をめぐって——何が変わったのか、今後の動向」を開催した。合同シンポジウムとしては、09年6月に「グーグルブック検索和解協定を検証する」を開催し、この成果を踏まえ、翌7月に第2回として「日本版デジタル・アーカイブを構想する」を開催している。第3回は、09年11月に開催を予定していたのだが、和解修正案の提出が遅れたため、時期をずらしての開催となったのである。

グーグルの次の一手

司会は僕が担当し、まず日本ペンクラブ言論表現委員会委員長である山田健太氏（専修大学）が、これまでの経緯を説明した。次に齋藤康弘米国弁護士が異議申し立てを担当した上での苦労した点や問題点を指摘し、城所岩生米国弁護士が和解修正案の解説を行った。

2人の弁護士がともに指摘した問題にデジタル化された書籍データが削除されることなく、グーグルが保有している点がある。スキャニングはフェアユースを理由にしてグーグルによって一方的に行われたものである。米国著作権法下においてフェアユースが成立したか否か決着がつかないままに、データを持ち続ける正当性が担保されていないのだ。

今後、グーグルは英語圏でのビジネスモデルを確立した上で、日本をはじめとする他言語国家に再上陸してくるだろう。ビジネスが成立しているのに拒むことは、かなり難しいだろう、というのが齋藤弁護士の見解だった。

米国著作権法は、著者よりも複製・流通を手がけた事業者を手厚く保護する傾向にある。そこには産業育成が国益につながり、結果的に国民の幸せにつながるという「思想」がある。米国主導の文化振興政策が明らかに文化〝産業〟振興政策であることも、この「思想」によっている。

三田誠広氏は「国益を守るためにも国に働きかける必要がある」と提言した。これを受けて山田健太氏は「言論表現を守るペンクラブとして、国に頼ることに悩みはある」とした上で、「一私企業による情報独占に対して、欧州の国々が異議申し立てをしている現状から、日本政府に対し行動をうながすことに一定の理解は得られるだろう」と発言した。

グーグル情報覇権主義

ビジネスの世界でグーグルが巨大化することや、情報行動でグーグル依存が強まることに対しては、たびたび懸念が表明されてきた。グーグルで検索されなければ「世の中に存在しない」という認識、データベースによる動的ページが検索対象から除かれたウェブの存在、グーグルが意図的に検索サービスの検索結果から特定のサイトを取り除く「グーグル八分」問題、グーグルストリートビューによるプライバシー問題やキャッシュによる著作権処理など表面化した問題はきりがない。ただ、それもグーグル検索の便利さに引きずられて、本格的に危険視することもなく、結果的にずるずるとグーグルの巨大化を許してきたためと言えないだろうか。

90年代初頭までは、昨晩のテレビ番組や朝の新聞記事が学校や職場での話題だった。映画館やコンサート会場に行くときは、情報誌を手にしていたものだった。何かを調べるには、百科事典や年鑑をひも解くのが当たり前で、多くの人は必要に迫られて図書館に足を運んだのだ。

ウィキペディアもＹｏｕＴｕｂｅもグーグルを通して、我々の情報環境の一部となり、百科事典的情報も音楽も映像も居ながらにして手に入れることができる。この便利な情報社会。私たちは、便利さに目を奪われ、検索行動を分析されていることにも気づかず、黙々とパソコンやケータイの画面に向かっているのである。

「書デジ懇」始動　電子書籍による出版市場の拡大

グーグルブック検索やアマゾンキンドルの世界販売に刺激されて、書籍のデジタル化を検討する国内組織が次々とできている。最初に動いていたのが国会図書館のデジタルアーカイブを元にした構想である。長尾真国立国会図書館長の提言をもとにして、松田政行弁護士が日本文藝家協会や日本書籍出版協会など関連団体をまとめたのが「日本書籍検索制度提言協議会」である。

当初の予定では、ここに経済産業省や総務省も加わるはずだったのだが、思惑も異なり別な委員会として発足した。それが経済産業省による「出版市場のデジタル化に係る検討委員会」である。3回の委員会が開催され、僕も委員として電子書籍標準化と市場モデルについて発表した。

グーグル八分……グーグルの検索結果になければ世界に存在しないことになってしまうという「村八分」的な状況のこと。

委員会のメディア現状認識

「出版市場のデジタル化に係る検討委員会」では、「音楽や映像等のコンテンツでは電子化に係わる権利の整理等の検討がすでに進められているのに対して、活字コンテンツにおける検討はまだ十分になされていない」という現状認識から出発する。

その上で、活字コンテンツの分野をおもに書籍、雑誌、コミック、新聞に分け、コミックについては「すでに電子出版市場が形成されつつある」、雑誌・新聞については「検討や実証実験が開始されている」とし、書籍については「こうした状況にない」と言い切っている。「ＩＴにより音楽産業が振興しているが、書籍はデジタル化が遅れている。これは著作権処理など、権利関係が複雑で未整備だからだ」という仮説を実証しようというのだろうか。

このようなコンテンツの流通促進を主体とした論調は、グーグルフォロワー（追従者）たちにより喧伝されてきている。しかし、音楽と活字をメディア特性を無視して産業振興で比較するからおかしなことになる。電子出版市場が形成されない理由としては、権利処理よりも、読者の持つ活字メディアに対する保守性をあげるべきだろう。書物に対する愛着や、読むことに一定の集中力を必要とする出版物と、もともと「ながらメディア」である音楽とを比較することに無理がある。

利用環境を考えてみるとモバイル機器の先駆的商品であるウォークマン登場からすでに30年が過ぎている。さらにＣＤやＭＤ普及期にデジタル化が完了し、ダウンロード販売に移行する準備ができていた。一方、活字コンテンツは読書習慣の主体が紙メディアにとどまっている。

ネットビジネスには、コンテンツを創り出すことに人材を投入せず、無料で垂れ流すことでアクセス数を増やすモデルが多い。フリーのかけ声のもと、今やニュースや辞書コンテンツがポータルサイトで無料で利用できることに誰も疑問を持たない。その結果、一番得をしているのは、ページビューをあげることができたサイトであって、コンテンツロイヤルティはわずかな額にとどまっている。

流通量を増やすことでビジネスになる通信事業者サイドが、グーグルに刺激されて出版コンテンツに目をつけたにすぎない。彼らのモデルと、手間をかけて信頼性のあるコンテンツを創り出してきた活字文化とは、簡単には相容れないものなのだ。

三省による合同懇談会

このような動向を受けて、国家主導のもとで出版文化の産業振興政策が検討されることになった。総務省、文部科学省、経済産業省が合同で設立した「デジタル・ネットワーク社会における出版物の利活用の推進に関する懇談会」（総務省が掲げる通称は「書デジ懇」）が正式に発足し、２０１０年３月17日に第１回会合が行われた。この会場には全在京キー局がカメラを入れており、１３０席を埋めた傍聴者も熱気に煽られることになった。

懇談会には三省の副大臣や政務官、民間から有識者、作家などの権利者、出版社、印刷会社、新聞社、書店、通信事業者、ソニーやシャープなど端末メーカーの26名が出席した。議長には有識者として参加した末松安晴東工大名誉教授が就任した。

冒頭の挨拶で総務省の内藤正光副大臣は、「表現の自由の確保」と「知のインフラの整備」をあげ、本来、民間ビジネスである電子書籍市場の自由競争を認めた上で「通信業者が編集機能を持つと、究極の中抜きモデルになる」として、むしろ巨大資本によるデジタル書籍市場の寡占化に対して懸念を表明した。通信事業を管轄する総務省の副大臣発言としては、いささか唐突な印象である。

この背景には、いみじくも挨拶の中で触れた巨大海外資本によるサービスを意識してのことである。米国では、アマゾン、アップル、グーグルなどの巨大ネット企業が、電子書籍端末の投入や電子書籍のオンライン書店を相次いで開業している。世界市場で鍛え上げたサービスの仕組みを持って日本に上陸してくれば、日本の企業ではひとたまりもない。さらに日本の著者や出版社が、コンテンツの「下請け」業者にもなりかねないと懸念されている。

そこで日本独自の電子書籍流通モデルの構築と既存の出版産業の共存方法を検討していく。その1つとして、国立国会図書館のデジタルアーカイブ利用が取り上げられることになり、実現のためには出版社の権利や利益の確保のほか、日本での電子書籍フォーマットの規格統一など多岐わたる課題がある。

2つのワーキングチーム

今後は「技術」と「出版物の利活用」に関する2つのワーキングチームを設置して具体的検討を重ねることになった。中間報告のとりまとめが2010年6月と早いのは、次年度予算折衝のためもあるが、民主党の参議院選挙対策でもある。

僕は「技術に関するワーキングチーム」のメンバーとして参加した。チームの目的は「多様なプレイヤーが連携して電子書籍の提供を展開し、利用者が豊富なコンテンツに簡便・自由にアクセスすることを可能」とするために「オープン型電子書籍環境」の実現を目指すとしている。そのためにも「国立国会図書館のデジタル・アーカイブをはじめとする知のインフラを構築するとともに、国民へのアクセス環境を整備するため、必要な技術的な課題について、専門的見地から検討」する。

電子書籍フォーマットについては「EPUBが世界標準」で、それ1つに統一するかのような誤解が広まっている。現状のEPUBでは、日本語表現は不可能であり、このままでは横組み、ルビなしの表現になる。多言語展開を図る電子書籍ビジネスで、現状のEPUBのままで運用されることはあり得ないのだが、どうも「世界標準」と名乗る米国情報に騙されやすい人たちがいて困る。そもそも、XMLのテキスト形式で制作される中間（交換）フォーマットとバイナリーデータでDRM（デジタル著作権管理）のかかった配信フォーマット、あるいは機種依存する閲覧フォーマットなどが存在していることは、少しでも電子書籍製作に関わればわかるはずである。IECにおける活動を説明しつつ、ワーキングチーム内での理解を図ろうと思っている。

巨大資本による米国流垂直統合モデルに対して、小資本多数企業参加による日本的水平分業モデルが成立するのか、日本における電子書籍市場の将来が書デジ懇に問われているのだ。

情報量増加説への疑問　便利になることは幸せか？

インターネットの登場とWebの普及は、私たちの情報行動に劇的な変化をもたらした。日本語で書いたことが、どの程度読んでもらえるかはさておき、ホームページを作れば、とりあえず世界中からアクセス可能な「ワールドワイド」ウェブの世界だ。ネット掲示板やブログと情報ツールは進化を続けており、その気になれば誰でも簡単に世界に向けて情報発信できる時代となった。

コミュニケーションのあり方も個人間のメール交換だけでなく、ブログやSNSへとコミュニティの場を変えつつ、最近ではツイッターが急速に普及している。それは1対1コミュニケーションから、1対多、多対1コミュニケーション時代への変化でもある。

ツイッターによるシンポジウムやセミナーの中継は「ツダる」と称されブームになっている。参加しなくてもディスカッションの様子がわかり、書き込む人の主張も加わるユニークなコミュニケーションである。それは発表者と聴講者がネット空間で結ばれる多元的な広がりを示している。

でも、その場に参加し、耳で聞き、目で見て、自分の頭で考えることに比べれば、ネットでの情報体験が乏しいことは明らかである。講演録ではよくわからなくても、ライブで聞いた話のほうが面白く、多くの理解をともなう点には異論がないだろう。「百聞は一見にしかず」ではないが、その場に居合わせることで、どれほど強い印象を持つか。その自明のことが便利さに目を奪われ、膨大な文字情報に麻痺しているのではないか。

情報量は増えているのか

情報を入手するためにディスプレイに向かっているのか、押し寄せてくる文字情報に駆り立てられてディスプレイに向かっているのか、多かれ少なかれ私たち現代人は、誰もが軽度なネット依存症なのかもしれない。

自らの姿を振り返ってみて、溢れるばかりの情報を本当にコントロールできているのか疑問がわいてくる。そもそも世の中の情報量は本当に増えているのだろうか。確かに消費情報量は増加の一途である。しかし、そこで消費される情報の質は明らかに反比例して低下している。個人の発信する言語空間が広がりを見せる一方で、量的増加が質的低下を支えきれていないのだ。もちろん情報の質は主観的なものであり、そのときどきの必要性にもよる。客観的な評価軸を持ち込むことは困難でもある。

それでも一次情報にたどり着くために、どれほどの二次情報、三次情報を経ているか考えてみるとよい。例えばアルファブロガーと称される人気ブログの1つに書評サイトがあるが、結局のところ本や雑誌、新聞、テレビなどの二次的情報にすぎない。その場合、彼らの主張や情報の根拠は、本などの印刷メディアに依存していることになる。

ウェブ情報の多くはリンクによって他のWebサイトに飛んでいくだけである。ひとたび情報の出所を求めてリンクをたどり続けても、情報の自己組織化の海で溺れるだけである。情報源の総量が変わらないのに、引用とリンクによる情報の自己増殖で消費量が増えているだけではないか。水増しされた情報の洪水に呑み込まれているような恐怖である。情報量は増えていない。いささか恐ろしいが現実かもしれない。

本を読むことが知恵や知識に転換できた時代と比較すれば、Web情報が知恵や知識として転換できるシステムを私たちは持ち得ていないのだ。そしてグーグル検

ツイッター……ネット上で「ツイート（つぶやき）」を投稿することで発生するコミュニケーションサービス。

アルファブロガー……多くの人に読まれる、影響力の強いブログを更新している人々。

索は、ウェブ情報が本来的に持つ自己増殖システムの中心装置であって、決して知識として私たちに届けてくれる装置ではない。私たちが持つグーグル検索に対する漠然たる違和感が、ここにある。グーグルブック検索の和解騒動は、私たちの安寧な情報秩序が、いかに脆く危険と隣接しているかを明らかにした。むしろグーグル依存症からの回復の恰好の処方箋となったのではないだろうか。

アップルの携帯端末iPad発売の狂騒

アップルの携帯端末iPadの発売で、米国の電子読書端末ブームが白熱化してきた。アップルの発表によると、4月3日の発売初日に30万台以上が販売され、電子書籍はiPad経由だけで25万冊以上売れたという。あまりの好調で、海外での発売が遅れたほどである。

購入を目当てに徹夜で並ぶ熱狂的ユーザーの姿をネットやニュースメディアが伝えてきた。待ちきれないように店先で使用を始める人たちは、嬉々としてゲームを楽しむ人の姿と重なって見える。ギーク（オタク）とまで呼ばれるファンの存在がアップルの強みであり、発売初日の販売が好調な背景である。彼らはとりあえず電子書籍を購入してはいるが、本を読む目的でiPadを購入したとは思えない。ゲームなどのアプリケーションが1日で100万件ダウンロードされたことからもわかるように、魅力はやはりアプリケーションだろう。電子読書端末ではなく、タブレットPCとして成功する鍵は、単にiPhoneを拡大したのではない魅力があるかどうかだろう。

アップルはｉＰａｄ発売に当たって電子書籍販売サイト「ｉブックストア」を開始し、現在約６万冊を取り扱っている。一方、先行するアマゾンは45万冊の電子書籍を取り扱い、読書端末市場の首位を独走している。

携帯音楽端末の覇者アップルがアマゾンに挑戦した結果、最初に現れた変化は、意外なことに電子書籍価格の上昇であった。大手出版社をはさむ三者間の駆け引きで、読者メリットよりも出版社による利益の確保が図られたためである。

日本と異なり米国で、書籍が非再販商品であることはよく知られている。出版社と小売業の直接取引により卸価格を決め、小売業者が販売価格を自由に決められる契約が主である。当然、取り扱い高の多いアマゾンが出版社に対して卸価格の交渉力を強めてきた。新刊書籍の価格26～30ドルに対し、卸価格は半額が相場である。電子書籍でも同様な卸価格契約で、13～15ドルで取引されてきた。ライバルのソニーなどが利益をのせずに約15ドルで販売しているのに対し、アマゾンは約10ドルと逆ざやにしてまで、安価に値をつけたのである。これが印刷書籍よりも電子書籍が安いという印象を読者に植え付けることにもなった。

この出血サービス作戦は見事に成功し、端末の販売で先行していたソニーを一気に追い抜くことができた。キンドル成功のマジックがここにある。

キンドルの累計販売台数は３００万台といわれている。段階的に値下げしてきたが、現在の販売価格２５９ドルから類推すると７５０億円程度の売上である。こ

iPad……左写真。

れを自社サイトで直販しているのである。一方、アマゾンの電子書籍売上は150億円程度である。電子書籍を概算にすぎないが、電子書籍の5倍の売上をキンドル販売で手に入れているのである。電子書籍を「釣り餌」に、儲けているのだ。

出版社が面白く思っているわけがない。まず英国大手出版社のマクミランが値上げ要請を行った。アップルが出版社有利の契約を示すことで、結局、アマゾンも電子書籍の価格の値上げを認めた。新刊発売後3ヵ月間は電子書籍を販売しない出版社も出た。

最近までアマゾンは『ニューヨークタイムズ』のベストセラーリストの大半を電子書籍でそろえ、約10ドルで販売してきた。ところが、現在はフィクションのベスト10のうち、電子書籍の併売は6点で、価格は約10ドルから12ドル。そのうち2点は書籍よりも電子書籍が高く価格設定されていた。同様にノンフィクション部門でもベスト10のうち、電子書籍併売は5点で1点が高かった。

アップルは、1冊約15ドルの価格設定のようだ。結果的にアマゾンはビジネス戦略に変更を加えているが、利益率は改善するので、必ずしも不利な条件を呑んだとはいえないだろう。

iPad、発売翌日に苦もなく購入

iPadの日本での発売は、当初の予定よりひと月遅れで5月28日であった。予約しなかったのだが、秋葉原のヨドバシカメラに電話したら、在庫があるという。拍子抜けしつつ5月29日も昼過ぎに買いに行った。予約書に記入した後、昼食を食べて戻ったら並ぶことなく、すぐに買うことができた。販売員に聞いたところ、初日が800台、翌29日が400台程度という。キャンセルが多量に出たとのことだったが、ブームを演出したアップルに踊らされた結果である。

あとがきにかえて　旧弊なる進歩的出版人、あるいは本好きの電子出版研究者

本書は、『印刷雑誌』に連載中の「デジタル出版よもやま話」の原稿をもとに、執筆順に再構成したものである。まとめるに当たっては、以下の方針としている。

・主に分量とテーマの一貫性の点から、特に時事性の強い話題や個人的記録、学術情報、著作権などをはずす。
・一方、当時の電子出版状況がわかる内容であれば、数値が古くても積極的に残す。
・執筆順の構成とする。
・専門用語や時事的な話題には、注釈を付け、現在の状況を補足する。

電子出版を中心に個人的興味に従った執筆のため、分散しているとはいえ、いくつかのテーマと視座を持っている。したがって、小テーマに沿って再構成することを当初考えていた。電子出版をテーマに10年あまりとなれば、大昔のようでもある。それを再構成するのは事実上不可能ということにすぐに気づいたが、読み直す中で、その時代を反映した文章をお伝えしたい、と考えるに至った。当時の文章に意味がある、と書けば開き直りに近いが、2010年の電子出版ブームに際し、現在に至る道筋を歴年的に構成することで、見えてくることもある、と思えたのである。

この連載期間は電子書籍端末が日米でブームとなる99年から12年間に渡っている。つまり、日本で電子書籍が本格化した時代の展望記録である。本書によって12年間を振り返っていただいた読者にはおわかりのように、電子出版について流布されてきた言説には、いつでも近視眼的で、一時的

な評価が多く混じっている。すぐにでも電子出版市場が立ち上がるかのような発言を聞かされ、今度こそホンモノの波が来たと言われ、バスに乗り遅れるなとばかりに煽られ、そのたびに少なくない投資をした出版社や企業も多いことだろう。

「電子出版元年」というように何度となく「元年」も繰り返されており、いつの間にか潮が引くようにブームは去っている。2010年における電子書籍ブームが既視感にとらわれるのは、まさに繰り返されてきた扇情的言説がまた聞こえているからである。冷静な状況判断をするためにも、この12年を振り返ることが少しでも役立てないか、それが本書を執筆順とした積極的な判断である。90年代末の電子出版事情など、読み返してみるとかなり牧歌的なのだが、すでに出版不況下にあり、「現在」と呼べる、ちょうどよい「過去」かもしれない。80年代の電子出版はバブル経済化にあって、技術も環境も異なりすぎる。一方、一般の読者だけでなく、多くの出版人、書店人にとって、電子書籍は、電子辞書を例外とすれば、出版ビジネスに主たる変更を加えてはいないのだ。直面する問題は、出版不況の激化である。

ただ、本文はあまり変更しない方針とはいえ、それではあまりに不親切、読者に失礼でもあり、脚注を積極的につけて補足することにした。このことで電子出版・電子書籍の入門書的な位置づけにもなったのではないかと期待している。

連載中は、短いコラムだが、そのときどきの電子出版のトピックを取り上げながら、ブームに左右されない分析を心がけたつもりである。それは、コラムの執筆期間に、日本出版学会に所属し、電子出版をテーマに研究者の末席を汚してきたこともある。その意味から、本書は研究メモの性格もある。それが成功したか、結局ブームに振り回されていただけかは、読者の判断にお任せしたい。ただ、出版に当たり改めて読み直してみると、一貫した視点はなんとか維持しており、及第点かな、と密かに思っている。

2010年の電子書籍ブーム

この1年間、電子書籍の話題が続いていることで、日本でも一般の関心が高まってきている。電子書籍コンソーシアム実証実験の時も、ソニーリブリエ発売時も、これほど盛り上がることはなかった。テレビやマスコミ報道も増え、たびたび取材がある。おかげでNHKニュースウォッチ9やラジオニュース、民法の朝のニュース番組でコメントすることになった。ラジオ放送は電子書籍に関するフォーラムが終了した直後に、会場からコメントしたのだが、これが自分の携帯電話からなのだ。技術の進歩により便利になったというよりはコストダウンである。

iPadは5月28日に日本で発売となった。テレビニュースが徹夜で並ぶ購入者を映し出していたが、むしろ躁状態なのはマスメディアだろう。

発売日の当日朝、翌日、翌々日の3日間続けて、朝のニュース番組にiPadと電子書籍についてコメントすることになった。小一時間もかかって録画して、使うのは長くて10秒である。テレビ番組の都合で切り取られたコメントは、文脈から離れて視聴者に届くことになる。

テレビニュースのインタビュー録画撮りで、放送記者に「いつ頃、紙と電子は置き換わりますか？」と質問された。そこで、次のように順を追って説明した。

1、電子書籍元年といって、すぐにでも置き換わるかのように大騒ぎですが、みなさんが思っている以上に紙はタフですよ。今まで書かれた小説は紙の本が読みやすいでしょう。

2、でも見方次第では、すでに置き換わっているのです。流通する書籍は60万から80万点。それに対してケータイ小説は120万点（！）と聞きます。電子でしか手に入らない小説が倍あるのです。私たちも紙面の文字よりディスプレイ上の文字のほうを多く読んでませんか？

3、今後10年間くらいが紙と電子の併存期間で、教科書や専門書から先に電子版に置き換わるでしょう。

採用になったのは（3）だけだった。あとで担当記者に、「紙がタフだという前提あってのコメントだ」とちょっと文句を言ったら、最初は（2）を放送予定していたが、刺激的すぎるから（3）にしたと言い返された。このときは、出版仲間から「進歩的」出版人扱いを受けて、からかわれたのだった。

その後は「旧弊なる」出版人

iPadの発売が近づいてきて、マスコミの取材では「iPadは売れると思いますか？」という質問が多くなった。（これは愚問だと思いつつ）「それは売れますよ。人は利便性ではなく、魅力があれば買うのですから。使い方は後から人が考えるもので、それが新しいメディアの誕生を生むのです。ゲーム機発売のような熱狂でしょう」「でも、スティーブ・ジョブスのデモで、大きなカウチソファに座ってましたけど、あんな読書環境で読める人って日本にどれほどいるでしょうか？日本人の読書時間の中心は、電車の中ですからね」

文脈でつなげて聞けば、前半と後半で矛盾したことは言っていないし、趣旨は理解いただけると思う。しかし後半だけ切り取られるとニュアンスが変わってくる。

さらに「キンドルは日本人の読書を変えますか？」の質問では「デジタル読書は米国より日本のほうが進んでいますよ。米国では、読書好きの中高年が本を読む代わりにキンドルで読んでいますが、日本は若者を中心にケータイ読書がすでに成立しています」と積極的に答えた後で、「ただし、米国より日本の中高年層は保守的で、主流は今後も紙の読書ではないでしょうか。紙の置き換えにすぎないなら、紙で読むでしょう。本は電池もいらないし落としても壊れないですから」と続けたのだが、後半だけが採用された。

おかげで、ネットの「紙の本を愛するノスタルジー」の中で僕は「頭の硬い旧弊なる出版人」扱いである。今度は出版仲間から、2ちゃんねるやツイッターでたたかれているよ、と慰められた。どのように見られているかというよりも、テレビで「編集」される側となって、編集意図の存在を再確認できたことが面白かった。

さっそく大学の授業で利用させてもらった。収録中における自分の主張を一通り話した後、放送番組を見た。各局がどのセリフを利用したのか、そのセリフを採用した編集意図と、伝わったメッセージについて学生とともに考えたのだ。感心したことに、多くの学生がテレビ番組だけでなく、マスコミは「編集」によってメッセージをコントロールしていることを指摘し、メディアリテラシーの必要性まで触れていた。テレビ番組という性格上、短くわかりやすいメッセージが必要なのであって、「植村八潮」は、その「素材」にすぎなかったという指摘もあった。テレビのワイドショーにおけるコメンテーターの存在も同様な理由からだろう。

小泉元首相が、論理的説明より単純明快なキャッチフレーズが得意だったことを思い出す。ネット掲示板やツイッターは文章が短く、論理的説明に不向きで、文脈依存しないキャッチフレーズが上手な人の主張が目立っている。ネットメディアの興隆が単純なキャッチフレーズを主流にしたのか、わかりやすい解説を求める時代が、マスコミやネットメディアにおけるキャッチフレーズ文化を興隆させているのか、おそらく互いの影響の結果なのだろう。僕もたまに「つぶやく」のだが、ツイッターに熱心になれない理由がこの辺にあるのかもしれない。ブログの時代から「実名」主義であり、ネットで発表するにも推敲するようにしている。旧弊なる出版人かもしれないが、雑文にも責任があると思うからである。

こうして連載が本としてまとまることで、電子書籍ブームに対して、「衝撃」だの「出版の崩壊」だのといった扇情的なキャッチフレーズを投げかけるのでなく、もう少し深いところでメッセージが届けられたのではないかと思っている。自分の力不足を棚においての淡い期待である。それでも電子出版の未来を信じている編集者として、昨今のブームにおける言説を理解しつつも、微かな違和感やニュアンスの違いについて、読者に伝わったと信じていたいのだ。

この連載期間中、僕にも干支が一回りした分の変化があった。執筆当初に書いたドックイヤー並の変化など起こしようもないが、それでも小さくない変化である。気ままに好きな本を編集する編集者だったのが、所属する大学出版組織の運営責任を負い、出版業界や団体の委員として発言する立場にもなった。電子出版について本格的に論じるために、大学院でコミュニケーション学を学び、どうにかこうにか博士号も取れた。大学で非常勤の講座を担当しているが、これは教えるというより、教わることが多く、考える訓練をしている日々を送っている。

日頃から、多くの人のお世話になっており、この場を借りてお名前をあげて感謝したいという衝動に駆られるのだが、それは次に必ず書くべきと思っている電子出版研究書のあとがきにとっておくことにしたい。そこで本書を出版するにあたって、連載開始のきっかけをいただいた印刷学会出版部の中村幹社長、書籍化担当の高尾悠太氏に代表していただいてお礼を述べさせていただくことにする。中村社長と出会った頃は、お互いにヒラの編集者にすぎなかったが、いまや彼は株式会社印刷学会出版部の社長として、印刷ジャーナリズム界におけるリーダーの一人である。また掲載文章の選択や脚注は高尾氏の労に寄っている。連載を担当している武川久野氏にも感謝したい。新人編集者を鍛えると称して、常に締切を大幅にすぎて下版直前の脱稿だったこと、かなり迷惑していることでしょう。

さらに、この間の変化といえば、娘が生まれ家族が増えたことである。大学院で学んでいた頃は、ただでさえ遅い帰宅に加え、週末も盆暮れも家庭に不在の父であった。大学進学を勧め、さらに論文執筆時期は幼子を抱えて外出するなど、陰日向支えてくれた妻絵実に心から感謝しているのです。

そして、この本の読者の皆さんに、一番のお礼を申し上げます。

２０１０年６月　植村八潮

本書は、『印刷雑誌』1999年1月号〜2010年7月号における連載をまとめ、加筆修正したものです。

文中に登場する人物の所属や肩書きは連載当時のものです。

植村 八潮（うえむら　やしお）

東京電機大学出版局　局長
一般社団法人 大学出版部協会　副会長
IEC TC100/TA10 電子出版標準化分科会　国際議長
社団法人 日本書籍出版協会　理事
日本出版学会　副会長

1956年千葉県生まれ。78年東京電機大学工学部卒。同年東京電機大学出版局入社、主に理工系専門書単行本や電子出版物の編集業務に携わり2007年に局長に就任。同年、東京経済大大学院（コミュニケーション学）博士課程修了。現在は専修大学文学部、鶴見大学文学部の非常勤講師も務める。国際標準活動として、マルチメディア電子出版に関する分科会議長、国内でも電子ペーパー、文字コードなどの委員として普及と標準化活動に携わる。

近著に『インターネットと〈世論〉形成』（東京電機大学出版局）、『変わりゆく大学図書館』（勁草書房）、『情報は誰のものか？』（青弓社）、『出版メディア論入門』（日本評論社）（いずれも共著）などがある。

電子出版の構図　実体のない書物の行方

二〇一〇年七月九日　初版第一刷発行
定　価　本体二〇〇〇円＋税
著　者　植村 八潮
発行者　中村 幹
発行所　株式会社 印刷学会出版部
〒一〇四-〇〇三二
東京都中央区八丁堀四-二-一
電　話〇三-三五五五-七九一一
FAX〇三-三五五五-七九一三
info@japanprinter.co.jp
http://www.japanprinter.co.jp
印刷・製本　杜陵印刷 株式会社

本書をお読みになった感想や、ご意見ご要望をeメールなどでお知らせ下さい。

ISBN978-4-87085-199-3